AF523091

Merve
Verlag

Alexandre Kojève

Der Begriff der Autorität

Aus dem Französischen übertragen und mit einem Nachwort versehen von Philipp Wüschner

Merve Verlag

Deutsche Erstübertragung

Wir danken Nina Kousnetzoff für Ihre wie stets großherzige Unterstützung.

Redaktorat: Tom Lamberty

Printed in Germany

Druck- und Bindearbeiten: Dressler, Berlin

Umschlagentwurf: Jochen Stankowski, Dresden

ISBN 978-3-96273-028-4

www.merve.de

Inhalt

VORBEMERKUNGEN

Es ist seltsam, dass das Problem und der Begriff der Autorität bisher kaum untersucht worden sind. Man hat sich vornehmlich mit den Fragen bezüglich der Weitergabe von Autorität und ihrer Genese beschäftigt, aber selten hat das Wesen dieses Phänomens selbst Aufmerksamkeit auf sich gezogen. Dabei ist es offensichtlich unmöglich, politische Macht oder auch nur die Struktur des Staates zu behandeln, ohne zu wissen, was Autorität als solche ist. Eine Studie über den Begriff der Autorität, selbst wenn sie provisorisch ist, ist also unverzichtbar und muss jeder Studie über das Problem des Staates vorausgehen.

♦

Wenn Theorien der Autorität auch rar sind, so fehlen sie doch nicht gänzlich. Sieht man von den Varianten ab, so kann man sagen, dass im Verlauf der Geschichte *vier unterscheidbare* (wesentlich verschiedene und irreduzible) *Theorien* vorgelegt wurden.

1) Die theologische oder theokratische Theorie: Die primäre und absolute Autorität gehört zu Gott; alle anderen (relativen) Autoritäten sind von dieser abgeleitet. (Diese Theorie wurde hauptsächlich von den Scholastikern ausgearbeitet, aber die Anhänger der »legitimen«, oder vielmehr erblichen Monarchie beriefen sich gleichermaßen auf sie.)

2) Die Theorie Platons: (»Gerechte« oder »legitime«) Autorität beruht auf »Gerechtigkeit« oder »Billigkeit« oder geht von ihnen aus. Jede »Autorität«, die einen anderen Charakter hat, ist nur Pseudo-Autorität, die in Wahrheit nichts anderes ist als (mehr oder weniger »rohe«) *Gewalt*.

3) Die Theorie Aristoteles', die Autorität durch Weisheit rechtfertigt, also durch das Wissen oder die Möglichkeit *vorauszuschauen* und die unmittelbare Gegenwart zu überschreiten.

4) Die Theorie Hegels, der die Autoritätsbeziehung auf die von Herr und Knecht (Sieger und Besiegtem) reduziert, wobei ersterer bereit gewesen ist, sein Leben zu riskieren, um »anerkannt« zu werden, letzterer hingegen die Unterwerfung dem Tod vorgezogen hat.

Bedauerlicherweise hat nur diese letzte Theorie eine vollständige philosophische Ausarbeitung erfahren, die sowohl auf der Ebene der phänomenologischen Beschreibung als auch auf der Ebene der metaphysischen und ontologischen Analyse entwickelt wurde. Die anderen haben das Niveau der Phänomenologie nicht überschritten (übrigens ohne, dass sie auch nur in diesem Bereich in irgendeiner Weise vollständig gewesen wären).

(Zudem muss man sagen, dass Hegels Theorie niemals wirklich verstanden worden ist, und dass sie sehr schnell vergessen wurde. So hat der wichtigste Nachfolger Hegels – Marx – das Problem der Autorität gänzlich vernachlässigt.)

Alle diese vier Theorien sind *exklusiv*. Jede von ihnen erkennt nur einen einzigen Typ von Autorität an (und zwar denjenigen, den sie beschreibt), und sieht in den anderen Autoritätsphänomenen bloße Manifestationen von simpler, schlichter *Gewalt*.

Anmerkung. Es gibt gewiss noch eine »Theorie« der Autorität, die in ihr nichts als eine Manifestation von Gewalt sieht. Aber wir werden im Folgenden sehen, dass Gewalt nichts mit Autorität zu tun hat, ihr sogar direkt entgegengesetzt ist. Autorität auf Gewalt zu reduzieren, heißt also einfach, die Existenz der Ersteren zu verneinen oder zu ignorieren. Das ist der Grund, warum wir diese irrige Meinung nicht unter die *Theorien* der *Autorität* zählen.

♦

Um diese Theorien beurteilen und kritisieren zu können (ja sogar, um sie im eigentlichen Sinn des Wortes *verstehen* zu können), müsste man damit beginnen, eine vollständige Liste aller Phänomene aufzustellen, die unter die Rubrik »Autorität« eingeordnet werden könnten, und prüfen, ob diese Phänomene (insgesamt oder teilweise) einer (oder mehreren) der vorgeschlagenen Theorien entsprechen.

Diejenigen Theorien, die keine ihnen entsprechenden Phänomene finden, sind als falsch zurückzuweisen. In Bezug auf die anderen muss geprüft werden, ob sie *allen* Phänomenen Rechnung tragen oder nur einem Teil.

Zu diesem Zweck müssen die Phänomene einer phänomenologischen Analyse unterworfen werden, um so die

»reinen«, das heißt aufeinander irreduziblen Phänomene ans Tageslicht zu bringen (oder bei »zusammengesetzten« Phänomene diejenigen »reinen« Elemente aufzuzeigen, aus denen sie sich zusammensetzen).

Findet man »reine« Phänomene, denen keine der vorgeschlagenen Theorien Rechnung trägt, müssen noch weitere Theorien ausgearbeitet werden.

Anders gesagt, *die phänomenologische Analyse* (A, I) muss die Frage »Was ist das?« beantworten, und zwar angewandt auf alle Phänomene, die wir, sozusagen »instinktiv«, als autoritär qualifizieren. Sie muss die Essenz (die Idee; *das Wesen**) der Autorität als solcher sowie die *Struktur* dieser »Essenz«, also die unterschiedlichen irreduziblen Typen ihrer Manifestation offenbaren (dabei aber von den »akzidentellen« Variationen absehen, die von einfachen Divergenzen der lokalen und zeitlichen Verwirklichungsbedingungen der Autorität als solcher abhängen).

Allerdings kann die phänomenologische Analyse ihre Aufgabe nur unter der Bedingung erfüllen, dass sie wirklich *vollständig* ist. Man muss Gewissheit haben, dass man *alle möglichen* Arten der Autorität aufgezählt hat, und dass man jede von ihnen in wirklich *einfache*, also auf andere Elemente irreduzible Bestandteile zerlegt hat.

Nun ist dies nur möglich, wenn die Analyse *systematisch* ist; daher muss man notwendigerweise die phänomenologische Ebene überschreiten und zur metaphysischen Ebene aufsteigen.

Die *metaphysische Analyse* (A, II) verknüpft das *Phänomen* der Autorität mit der fundamentalen Struktur der objektiv realen Welt. Dies erlaubt es uns, zu sehen, ob die beschriebenen Phänomene sich mit *allen* Möglichkeiten decken, die uns die Welt anbietet, und ob ein gegebenes Phänomen einen einfachen oder zusammengesetzten metaphysischen Ursprung hat.

Schlussendlich kann die letzte *Begründung* einer auf metaphysischer Analyse gegründeten und von ihr abgesicherten Theorie nur aus einer noch tiefergehenden Analyse stammen, die bis zur ontologischen Ebene vordringt.

Die *ontologische Analyse* (A, III) untersucht die Struktur des Seins an sich und erlaubt es, das Wie und Warum der (metaphysischen) Struktur der realen Welt zu verstehen, eine Struktur, die es ihrerseits erlaubt, die in Frage stehenden, sich in dieser Welt manifestierenden Phänomene *systematisch* zu klassifizieren und zu analysieren.

Anmerkung. In allen drei Analysen wird man sich eines Begriffs von Gott bedienen müssen, auch wenn man annimmt, dass Letzterer nicht existierte und nur ein »Mythos« ist. Denn der »gläubige« Mensch hat das Maximum an Autorität immer Gott zugesprochen, und anhand seiner kann man dieses Phänomen daher wie unter einem Mikroskop studieren. Man wird nicht umhinkönnen, auf den Menschen anzuwenden, was man bei Gott entdecken wird. Gerade dann, wenn Gott nichts als ein »Mythos« ist, ist die Analyse der *göttlichen* Autorität in Wahrheit eine Analyse der *menschlichen* Autorität: Ohne es zu merken, projiziert der Mensch auf Gott das, was er – mehr oder weniger unbewusst – an sich selbst entdeckt, so dass man ihn untersuchen kann, indem man »seinen« Gott untersucht.

♦

Die Theorie der Autorität, die aus dieser dreifachen Analyse hervorgeht, wird vollständig abgesichert und begründet sein. Sie wird ihrerseits als Ausgangspunkt für einige *Deduktionen* (B) dienen können.

Die Theorie findet vor allem

politische Anwendungen (B, I)

Wenn man davon ausgeht, dass jeder Staat Autorität voraussetzt und auf ihr beruht, kann man die Theorie des Staates aus der Theorie der Autorität *deduzieren*.

Zweitens findet die Theorie der Autorität

moralische Anwendungen (B, II)

Eine korrekte und begründete Theorie wird es erlauben, die Autorität und den Staat (und daher im Besonderen den autoritären Staat) gegen moralische oder moralisierende Kritik zu verteidigen, die aus nicht-politischen Begriffen abgeleitet ist. Anders gesagt erlaubt es eine Theorie der Autorität, eine spezifisch politische Moral zu *deduzieren*, die sich von jener »privaten« Moral wesentlich unterscheidet, aus deren Perspektive man normalerweise versucht, die Autorität in ihrem Sein und ihren Handlungen zu kritisieren.

Und schließlich findet die Theorie der Autorität

psychologische Anwendungen (B, III)

Weiß man, was Autorität ist, kann man die Art und Weise *deduzieren*, wie man auf den Menschen und auf die Menschen einwirken muss, sei es um Autorität zu erzeugen oder um sie aufrecht zu erhalten.

♦

Im Folgenden können alle diese Fragen nur skizziert werden. Ich erhebe hier nicht den Anspruch, eine letztgültige und vollständige Theorie der Autorität vorzulegen. Es geht vielmehr darum, Probleme aufzuwerfen und die generelle Richtung ihrer Lösungen anzudeuten.

A. Analysen

I Phänomenologische Analyse

1.

a) Um eine Liste aller Autoritätsphänomene aufstellen zu können, muss man zunächst zwischen den gegebenen Phänomenen eine Auswahl treffen können, das heißt man muss diejenigen Phänomene, die das Wesen der Autorität verwirklichen und offenbaren von denen unterscheiden können, die (oft entgegen allem Anschein) nichts damit zu tun haben.

Anders gesagt, man muss damit beginnen, eine *Definition* der Autorität zu geben – eine *allgemeine,* alle besonderen Fälle umfassen könnende Definition, die demnach eine rein »formale«, »nominale« Definition wäre. Suchen wir also eine

Allgemeine Definition der Autorität

Es gibt nur dort Autorität, wo es Bewegung, Änderung oder (wirkliche oder wenigstens mögliche) Handlung gibt. Autorität hat man nur über das, was »reagieren«, das heißt sich demjenigen entsprechend verändern lässt, der oder das die Autorität darstellt (sie »verkörpert«, »realisiert« oder ausübt). Autorität geht offensichtlich von demjenigen aus, der Änderung veranlassen kann und selbst keinem Wandel ausgesetzt ist: Autorität ist wesenhaft *aktiv* und nicht passiv.

Man kann also sagen, dass der reale »Träger« der Autorität notwendigerweise ein *Akteur* im eigentlichen und starken Sinn des Begriffs ist, das heißt ein Akteur, von dem gilt, dass er *frei* und *bewusst* ist (also entweder ein göttliches Wesen oder ein Mensch, niemals aber ein Tier, etc.).

Anmerkung. Sicher, der autoritäre Akt tritt nicht notwendigerweise *spontan* auf: Man kann Autorität haben, obwohl man den Befehl eines anderen ausführt. Aber der Akteur, der mit Autorität ausgestattet ist, sollte diesen Befehl *verstehen* und ihn *freiwillig* akzeptieren: Ein Phonograph, der die Worte des Chefs überträgt, hat seinerseits keinerlei Autorität.

Das mit Autorität ausgestattete Sein ist also notwendigerweise ein *Akteur* und der autoritäre Akt ist immer ein echter Akt (bewusst und frei).

Der *autoritäre* Akt unterscheidet sich also von allen anderen durch die Tatsache, dass er auf keinen *Widerstand* vonseiten desjenigen oder derjenigen trifft, an die er sich richtet. Das setzt zum einen die Möglichkeit von Widerstand voraus und zum anderen den *bewussten* und *freiwilligen* Verzicht auf die Verwirklichung dieser Möglichkeit. (*Beispiele*: Wenn ich jemanden aus dem Fenster werfe, hat die Tatsache, dass er fällt, nichts mit meiner Autorität zu tun; aber wenn er aufgrund eines Befehls, den ich ihm gebe, und den nicht auszuführen er faktisch vermocht hätte, sich selbst aus dem Fenster stürzt, übe ich offensichtlich Autorität über ihn aus. Ein Hypnotiseur hat keine *Autorität* über denjenigen, der von ihm hypnotisiert wird. Ich habe es nicht nötig, meine Autorität anzuwenden, um jemanden zu etwas zu veranlassen, worauf er selbst

Lust hat, oder zu dem, was er selbst getan hätte, ohne dass ich es ihm gesagt hätte.)

Autorität ist also notwendigerweise eine *Relation* (zwischen Handelndem und Leidendem: Es handelt sich also um ein wesentlich *soziales* (und nicht individuelles) Phänomen; man muss mindestens zu *zweit* sein, damit es Autorität gibt.

Daher: Autorität ist die *Möglichkeit*, die ein Akteur hat, auf andere (oder auf einen anderen) einzuwirken [agir], ohne dass diese anderen dem *entgegenwirken* [réagir], obwohl sie *in der Lage* wären, es zu tun.

Oder noch anders: Indem er mit *Autorität* handelt, kann der Akteur die äußeren, menschlichen Begebenheiten ändern, ohne unter den Folgen zu leiden, das heißt ohne seinerseits als Resultat seiner Handlung verändert zu werden.

(*Beispiele:* Wenn ich, um jemanden dazu zu bringen, mein Zimmer zu verlassen, Gewalt anwenden muss, muss ich mein eigenes Verhalten *verändern*, um den in Frage stehenden Akt zu realisieren, und ich zeige dadurch, dass ich keine Autorität habe; ganz anders verhält es sich, wenn ich mich nicht bewege, und die besagte Person verlässt das Zimmer, das heißt verändert sich, auf ein einfaches »Hinaus!« von mir hin. Wenn der gegebene Befehl eine Diskussion auslöst, das heißt wenn der gegebene Befehl denjenigen, der ihn ausspricht, dazu zwingt, seinerseits als Folge des gegebenen Befehls etwas zu tun – nämlich zu diskutieren – liegt keine Autorität vor. Noch weniger, wenn die Diskussion auf ein Verwerfen des Befehls oder auch nur auf einen Kompromiss hinausläuft, also genau genommen auf eine Veränderung desjenigen

Aktes, der eine Veränderung nach außen hervorrufen sollte, ohne sich selbst zu verändern.

Oder, schließlich: Autorität ist die Möglichkeit zu handeln, ohne Kompromisse (im weiteren Sinne des Wortes) zu machen.

Anmerkung. Jede *Diskussion* ist bereits ein Kompromiss, denn sie entspricht dem Folgenden: »Tun Sie bedingungslos Dies oder Jenes. – Nein, ich werde das nicht machen, außer unter der Bedingung, dass sie wiederum Jenes andere tun, nämlich, dass Sie mich überzeugen. – Einverstanden, ich gebe in diesem Punkt nach.«

b) Diese Definition zeigt deutlich, dass das Phänomen der Autorität dem des Rechts verwandt ist (vgl. meine *Notiz über das Recht*).[1] Es ist nämlich so: Ich habe ein *Recht* auf eine Sache, wenn ich sie ausführen kann, ohne auf einen *Widerstand* (Gegenreaktion) zu treffen, der prinzipiell möglich wäre. (*Beispiel*: Wenn ich jemandem hundert Francs wegnehmen möchte, die ihm gehören, wird er dem »entgegenwirken« und ich erfahre die »Nachwirkungen« meines Aktes; wenn er mir aber das Geld schuldet, das heißt wenn ich ein *Recht* darauf habe, muss ich keine »Gegenreaktion« erfahren, wenn meine Handlung die hundert Francs von seiner in meine Tasche wandern lässt.)

Es gibt jedoch einen wesentlichen Unterschied zwischen diesen beiden »verwandten« Phänomenen.

---

1 Vermutlich eine Vorstudie zur *Skizze einer Phänomenologie des Rechts*: Alexandre Kojève, *Esquisse d'une phénoménologie du droit*, Paris 1981.

Im Fall der Autorität verlässt die »Gegenreaktion« (der Widerstand) niemals den Bereich reiner *Möglichkeit* (sie *aktualisiert* sich niemals): Ihre *Verwirklichung* zerstört die Autorität. Im Fall des Rechts hingegen kann sich die »Gegenreaktion« aktualisieren, ohne dadurch das Recht zu zerstören: Es genügt, dass anstatt der Person, die den Rechtsanspruch hat, eine andere Person dieser »Reaktion« ausgesetzt ist. (Im erwähnten Beispiel reicht es, dass ein Richter, Gerichtsvollzieher, Polizeibeamter etc. die gewaltvolle »Reaktion« des Schuldners erfährt.)

Aus diesem Unterschied folgt, dass, während Autorität Gewalt prinzipiell ausschließt, das Recht sie impliziert und voraussetzt, auch wenn es sich selbst von ihr unterscheidet (kein Recht ohne Gericht, kein Gericht ohne Polizei, welche die Entscheidungen des Gerichts mit Gewalt ausführen kann).

Zum anderen erklärt die angedeutete Verwandtschaft zwischen Autorität und Recht, warum alle Autorität notwendigerweise einen *legalen* oder *legitimen* Charakter hat (in den Augen derer, die sie anerkennen: was sich von selbst versteht, weil alle Autorität notwendigerweise *anerkannte* Autorität ist; Autorität nicht anzuerkennen, heißt, sie zu negieren und dadurch zu zerstören).

Daher: 1) Nicht nur sind Autorität auszuüben und Gewalt (Gewalttätigkeit) anzuwenden nicht dasselbe, beide Phänomene *schließen sich auch wechselseitig aus.* Man muss, allgemein gesagt, *nichts tun,* um Autorität auszuüben. Ist man dazu gezwungen, Gewalt (Gewalttätigkeit) einzusetzen, liegt keine Autorität vor. Umgekehrt kann man nur dann – ohne Gewalt anzuwenden – die Menschen dazu bringen, etwas zu tun, was sie nicht spontan von sich aus gemacht hätten, wenn man Autorität einsetzt.

Anmerkung. Wenn jemand das, was ich ihm sage, aus »Liebe« für mich macht, macht er es *spontan*, denn er tut alles, um mir zu gefallen, ohne dass ich es nötig hätte, einzugreifen oder auf ihn einzuwirken. Die Liebesbeziehung ist also eine wesentlich andere Sache als die Autoritätsbeziehung. Aber da die Liebe zum selben *Resultat* führt wie die Autorität, kann man leicht den Fehler begehen, die beiden Phänomene miteinander zu verwechseln und über eine »Autorität« sprechen, die der Geliebte über den Liebenden habe, oder über eine »Liebe«, die jemand, der Autorität hinnimmt – und das heißt: sie anerkennt – demgegenüber habe, der sie ausübt. Hierin liegt die Erklärung der natürlichen Neigung des Menschen, denjenigen zu lieben, dessen Autorität er anerkennt, sowie die Autorität desjenigen anzuerkennen, den er liebt. Aber die beiden Phänomene bleiben nichtsdestoweniger säuberlich unterschieden.

2) Der »gesetz-« oder »rechtmäßige« Akt kann auch ein »autoritärer« sein: Damit er es sei, reicht es, dass man (frei und bewusst) auf die Verwirklichung von möglichen »Gegenreaktionen« verzichtet. (In diesem Fall übt das Recht Autorität aus und bleibt doch insofern Recht, als es eine *Gewalt* gibt, die es umsetzen kann, wenn die Notwendigkeit sich ergibt, das heißt wenn es aufhört, seine *Autorität* auszuüben. Kurzum, das Recht hat nur über diejenigen *Autorität*, die es »anerkennen«, aber es bleibt selbst für diejenigen Recht, die es erfahren müssen, ohne es »anzuerkennen«).

Was die »autoritäre« Handlung angeht, so ist sie per Definition »gesetz-« oder »rechtmäßig.« Denn dort, wo eine mögliche »Gegenreaktion« sich nicht aktualisiert – das heißt wenn es generell *keine* »Gegenreaktion« gibt – dort gibt es *a forteriori* auch keine »Gegenreaktion« gegen den Akteur selbst. Es macht also keinen Sinn, über »illegitime« oder »illegale« Autorität zu reden, da es sich um eine *contradictio in adjecto* handelt. Derjenige, der eine Autorität »anerkennt« (und es gibt keine nicht-»anerkannte« Autorität), erkennt damit auch ihre »Legitimität« an. Die Legitimität von Autorität zu negieren, heißt, sie nicht anzuerkennen, heißt – damit – sie zu zerstören. Man kann also in einem konkreten Fall die *Existenz* einer Autorität verneinen, aber man kann einer *reellen* (das heißt »anerkannten«) Autorität kein »Recht« entgegenstellen.

Anmerkung 1. Verschiedene Autoren, insbesondere christliche, haben behauptet, dass alle politische *Macht* »legitim« sei. Dies ist nur wahr, insofern die Macht eine Autorität verkörpert. Nun werden wir im Folgenden sehen, dass es eine mögliche Dissoziation zwischen Macht und Autorität gibt. Und eine autoritätslose Macht ist nicht *notwendigerweise* legitim. Man kann gewiss sagen, dass jede (revolutionäre) Handlung, die sich gegen eine mit Autorität ausgestattete Macht richtet, »illegitim« sei, aber das ist angesichts der Tatsache, dass Autorität jede gegen sie gerichtete Handlung gerade ausschließt, eine Tautologie bar jedes Sinns.

Anmerkung 2. Man kann sagen, dass die Legalität der *Kadaver* der Autorität ist; oder, genauer, seine »Mumie« – ein Körper, der weiterbesteht, obwohl er seiner Seele und seines Lebens beraubt ist.

3) Unsere Definition der Autorität kann gleichermaßen der einzigen, gültigen allgemeinen Definition des Göttlichen angenähert werden: Göttlich ist – für mich – all das, was auf mich einwirken kann, ohne dass ich die Möglichkeit hätte, auf es zurückzuwirken.

(*Beispiel*: Solange die Menschen annahmen, dass die Sterne einen Einfluss auf sie ausübten und glaubten, dass sie selbst keine Mittel besäßen, auf die Sterne einzuwirken, vergöttlichten sie sie. Aber als Newton sie lehrte, dass jede physikalische Aktion der Reaktion gleiche, die sie hervorruft, wurden die Sterne – und die gesamte natürliche Welt im Allgemeinen – endgültig »profanisiert«.)

Diese Definition lässt verstehen, warum der Mensch einerseits das *Summum* der Autorität immer demjenigen zugesprochen hat, das für ihn das Göttliche war (oder es repräsentierte), und andererseits alle existierende (das heißt von ihm anerkannte) (menschliche) Autorität mit einem »heiligen« oder göttlichen Charakter versehen hat (vgl. die theokratische Theorie der Autorität weiter unten, die den göttlichen Ursprung *aller* Autorität behauptet.)

Und doch unterscheidet sich die Definition des Göttlichen von derjenigen der Autorität: Im Fall der göttlichen Handlung ist eine (menschliche) Gegenreaktion absolut *unmöglich*; im Fall der (menschlichen) autoritären Handlung ist eine Reaktion im Gegensatz notwendigerweise möglich und existiert nur aufgrund eines bewussten und *freiwilligen* Verzichts auf diese Möglichkeit nicht.

Man kann gewiss unsere Definition der Autorität so modifizieren, dass sie die göttliche Handlung umfasst, indem man sagt, dass die (göttliche oder menschliche) Handlung autoritär ist, insofern sie keine Reaktion hervorruft. Man wird dann von *göttlicher* Autorität reden können. Aber man wird sie nichtsdestoweniger sorgfältig von der *menschlichen* Autorität unterscheiden müssen, die nicht nur das Fehlen einer *wirklichen* Reaktion voraussetzt, sondern auch das Vorhandensein einer *Möglichkeit* zur Reaktion.

Wir ziehen es aber vor, unsere Definition von Autorität beizubehalten, auf die Gefahr hin, sagen zu müssen, dass Letztere ein (soziales) und wesentlich *menschliches* Phänomen ist, da die *göttliche* Handlung der autoritären Handlung nur verwandt, nicht aber mit ihr identisch ist.

Man kann auch sagen, dass im Gegensatz zur eigentlichen, das heißt menschlichen Autorität die göttliche »Autorität« wesentlich unangreifbar ist: Und da jede Möglichkeit zur Reaktion ausgeschlossen ist, muss die Autorität auf unbestimmte Zeit walten, genau so lange, wie dasjenige Sein existiert, das sie verkörpert. Angesichts der Tatsache aber, dass dieses Sein per Definition nicht verändert werden, das heißt nicht beeinträchtigt und demnach auch von außen nicht zerstört werden kann, ist es nur natürlich anzunehmen, dass sie ewig existiert. Man kann also auch sagen, dass die göttliche »Autorität« sich von der eigentlichen (menschlichen) Autorität dadurch unterscheidet, *ewig* zu sein. Oder aber, dass das Göttliche seine »Autorität« ohne das Risiko ausübt, sie zu verlieren; ja, überhaupt *ohne Risiko.*

Die menschliche Autorität hingegen ist wesentlich vergänglich: Zu jedem Zeitpunkt kann sich die freiwillig zurückgehaltene Möglichkeit einer Gegenreaktion aktualisieren und damit die Autorität außer Kraft setzen. Die Ausübung (menschlicher) Autorität impliziert also notwendigerweise ein Element des *Risikos* für denjenigen, der sie ausübt, und zwar aufgrund der Tatsache selbst, dass er sie ausübt; sei es auch nur das Risiko ihres Verlustes mit allem, was daraus folgt.

Folglich muss alle existierende menschliche Autorität eine »Ursache«, einen »Grund« oder eine »Rechtfertigung« ihrer Existenz haben, eine »raison d'être«. Um sie »*anzuerkennen*« (und sie dadurch in ihrer Existenz zu verlängern), reicht es nicht festzustellen, dass sie *existiert*.

Man muss daher prüfen, was die Ursachen, Gründe oder Rechtfertigungen der Autorität sind. Diese Untersuchung wird es uns erlauben, mehrere irreduzible Typen dieser Autorität zu unterscheiden und die vorgelegten Theorien, die sich daran anschließen, besser zu verstehen.

2.

a) Alle Formen der (menschlichen) Autorität haben es gemeinsam, dass sie erlauben, eine Handlung auszuüben, die keine Gegenreaktion provoziert, weil diejenigen, die hätten reagieren können, bewusst und freiwillig davon absehen, es zu tun. Umgekehrt kann man überall dort, wo Menschen eine Handlung hinnehmen (die sie nicht selbst verursacht haben), indem sie bewusst und freiwillig von ihrer Fähigkeit absehen, ihr entgegenzuwirken, die Intervention einer Autorität feststellen.

Aber vorausgesetzt, dass die Gegenreaktion immer *möglich* bleibt, und der Verzicht *bewusst* und *freiwillig* erfolgt, ist es angebracht, die Frage nach dem Warum dieses Verzichts zu stellen. Jede Autorität löst die Frage danach aus, *warum* sie existiert, das heißt *warum* man sie »anerkennt«, indem man die Handlungen hinnimmt, die aus ihr hervorgehen, ohne ihnen entgegenzuwirken.

Die Antworten, die man auf diese Fragen geben kann, sind vielfältig, und jeder dieser unterschiedlichen Antworten entspricht ein bestimmter Typ der Autorität.

Zunächst gilt es eine Liste mit allen möglichen Autoritätstypen aufzustellen.

Anmerkung. Man könnte dutzende davon aufzählen. Aber sofern man keine *Theorie* der Autorität besitzt, ist man nie sicher, dass diese Aufzählung *komplett* ist.

Anschließend muss man die »reinen«, also auf andere irreduziblen Typen herausarbeiten (und beschreiben) und zeigen, wie die »gemischten« Typen sich durch eine Kombination dieser »einfachen« oder »reinen« Typen ergeben.

Es kann hier nicht darum gehen, an dieser Stelle die ganze Arbeit dieser phänomenologischen Analyse durchzuführen. Nehmen wir sie als erledigt an und deuten wir das Resultat an, ohne es sozusagen zu »demonstrieren«.

♦

Gehen wir also davon aus, dass man *vier (einfache, reine oder elementare) Typen* der Autorität unterscheiden kann.

α) Die Autorität des Vaters (oder der Eltern generell) über das Kind. (*Varianten:* Die Autorität, die aus einem großen Altersunterschied stammt – die Autorität der Alten über die Jugend; die Autorität der Tradition und derjenigen, die sie hüten; die Autorität eines Toten – das Testament; die Autorität des »Autors« über sein Werk, etc.).

Anmerkung zur Autorität des Toten. Im Allgemeinen hat ein Mensch nach seinem Tod mehr Autorität als während seines Lebens: Das Testament hat mehr Autorität als der Befehl von jemandem, der noch lebt; ein Versprechen bindet fester nach dem Tod desjenigen, dem es gegeben wurde; die Befehle des toten Vaters werden stärker respektiert als diejenigen, die er während seines Lebens erteilt hat, etc. Der Grund dafür ist, dass es materialiter unmöglich ist, sich gegen einen Toten zu wehren [réagir]. Er hat also per Definition Autorität. Aber diese *Unmöglichkeit* der Gegenreaktion gewährleistet der Autorität des Toten einen *göttlichen* (heiligen) Charakter: Die Ausübung der Autorität durch den Toten birgt für ihn kein *Risiko*. Daher sowohl die Stärke als auch die Schwäche dieser Autorität. Alles in allem handelt es sich um einen bestimmten Fall der *göttlichen* Autorität.

β) Die Autorität des Herrn über den Knecht. (*Varianten*: die Autorität des Adeligen über den gemeinen Bürger; die Autorität des Soldaten über den Zivilisten; die Autorität des Mannes über die Frau; die Autorität des Siegers über den Besiegten; etc.)

Anmerkung zur Autorität des Siegers. Es versteht sich von selbst, dass der Sieger als solcher vom Besiegten »anerkannt«

sein muss, das heißt, dass der Besiegte seine Niederlange »anerkennen« muss, damit es Autorität gibt. Vgl. den deutschen Slogan »*Im Felde unbesiegt*«*, der die aufkeimende Autorität der Sieger von 1918 zerstört hat; jene, da sie ihren Sieg nicht »anerkannt« bekamen, hatten keine Autorität; sie mussten sich also auf Gewalt stützen – mit dem bekannten Ergebnis.

γ) Die Autorität des Anführers (*dux, Duce, Führer*, leader,* etc.) über die Bande. (*Varianten*: die Autorität des Vorgesetzten – Direktors, Offiziers, etc. – über den Untergebenen – Angestellten, Soldaten, etc.; Autorität des Meisters über den Schüler; Autorität des Gelehrten, des Technikers, etc.; Autorität des Sehers, Propheten, etc.)

Anmerkung zur Autorität des Offiziers. Diese Autorität ist ein gutes Beispiel für eine *gemischte* Autorität. Zusätzlich zu seiner spezifischen Autorität als Anführer, die er im Verhältnis zu den Soldaten ausübt, profitiert er von der Autorität des *Herrn*, die das gesamte Militär im Verhältnis zu den Zivilisten hat; im Verhältnis zu den Soldaten besitzt er in der Regel zudem die Autorität des *Vaters*, letztlich verkörpert er auch die Autorität des *Richters*, die wir jetzt gleich nennen werden.

δ) Die Autorität des Richters. (*Varianten*: die Autorität des Schiedsmanns, die Autorität des Kontrolleurs, Zensors, etc.; die Autorität des Beichtvaters; die Autorität des gerechten oder ehrlichen Mannes; etc.).

Anmerkung zur Autorität des Beichtvaters. Dies ist ein weiteres gutes Beispiel für eine *gemischte* Autorität: Über seine Autorität als *Richter* hinaus profitiert der Beichtvater von der Autorität des *Anführers* in seiner Eigenschaft als »Seelsorger« sowie von der des *Vaters*; es fehlt ihm jedoch die Autorität des *Herrn*.

Anmerkung zur Autorität des Gerechten. Eigentlich ist sie der reinste Fall der Autorität des Richters, denn ein Richter im eigentlichen Sinn besitzt über seine – spontane – Autorität als Richter hinaus noch die – vermittelte – Autorität des Funktionärs.

b) Es gibt also vier »reine« Autoritätstypen. Nun haben wir gesehen, dass man gleichermaßen *vier irreduzible Autoritätstheorien* unterscheiden kann. Das führt uns zu der Annahme, dass jede einzelne dieser Theorien, die in den Augen ihrer Autoren eine allgemeine Theorie der Autorität ist, in Wahrheit nur die Theorie von einem der vier bestimmten, oben aufgezählten Typen ist.

Prüfen wir, ob es sich wirklich so verhält.

Wir haben also (in chronologischer Reihenfolge) die Theorien:

- Platons
- Aristoteles'
- der Scholastiker etc. (theologische Theorie)
- Hegels.

Beginnen wir mit Letzterer.

Die hegelsche Theorie hat die Form einer Theorie des Verhältnisses zwischen Herr und Knecht. Aber es scheint, als sähe Hegel darin eine allgemeine Theorie der Autorität und als betrachte er demnach alle Formen der Autorität als Derivate der Autorität des Herrn im Verhältnis zum Knecht. Jedenfalls hat er keine andere Theorie der Autorität vorgelegt.

Die – philosophisch betrachtet sehr elaborierte – hegelsche Theorie bildet unseren *zweiten* »reinen« Typ der Autorität, das heißt der Autorität des Herrn über den Knecht, perfekt ab. Und zwar so: (Für mehr Details siehe meinen Aufsatz »Autonomie und Abhängigkeit des Selbstbewusstseins« in *Mesures*.)[2]

Die Herrschaft stammt aus dem Kampf auf Leben und Tod um »Anerkennung«.* Die zwei Gegner setzen sich ein wesentlich menschliches, nicht animalisches, nicht biologisches Ziel: nämlich in ihrer menschlichen Wirklichkeit oder Würdigkeit »anerkannt« zu werden. Aber der künftige Herr hält der Prüfung des Kampfes und des Risikos stand, während der künftige Knecht es nicht schafft, seine (animalische Todes-)Angst zu meistern. Er ergibt sich also, erkennt sich selbst als besiegt sowie die Überlegenheit des Siegers an und unterwirft sich ihm wie ein Knecht seinem Herrn. Auf diese Weise entsteht die absolute Autorität des Herrn im Verhältnis zu seinem Knecht.

Das heißt: Der Herr überwindet das *Tier*, das in ihm steckt (und das sich im Selbsterhaltungstrieb manifestiert), und ordnet es demjenigen unter, was spezifisch *menschlich* an ihm ist (dieses menschliche Element manifestiert sich im Begehren nach »Anerkennung« und in der »Eitelkeit«, die von jeglichem biologischen oder »vitalen« Wert befreit ist). Der Knecht hingegen ordnet den Menschen

---

2 Alexandre Kojève, »Autonomie et dépendance de la conscience de soi. Maîtrise et servitude«, in: *Mesures* 5, I, 15. Januar 1939, S. 108ff.

der Natur, dem Tier unter. Man kann also sagen, dass die Autorität des Herrn über den Knecht analog zur Autorität des Menschen über das Vieh und über die Natur im Allgemeinen ist, mit dem Unterschied, dass [...][3] sich das »Tier« seiner Unterlegenheit *bewusst* ist und sie *aus freien Stücken* akzeptiert. Das ist genau der Grund, warum es hier Autorität gibt: Der Knecht verzichtet bewusst und freiwillig auf seine Möglichkeit, der Handlung des Herrn entgegenzuwirken; er tut dies, weil er *weiß*, dass diese Reaktion sein Leben aufs Spiel setzten würde und weil er dieses Risiko nicht eingehen *will*.

Hegels Theorie ist also durchaus eine Theorie der *Autorität*. Und sie erklärt den Grund der Autorität des Herrn über den Knecht gut. Es handelt sich also um eine korrekte Theorie *dieses* besonderen (reinen) Typs der Autorität. Aber sie gilt nicht für die anderen Typen.

So macht sie keine Aussagen über die Autorität des *Anführers*. Ein Herr hat nicht nur Autorität im Verhältnis zum Knecht (in seiner Eigenschaft als Herr im eigentlichen Sinn); er kann auch (in seiner Eigenschaft als Anführer) eine Autorität im Verhältnis zu anderen Herren haben. Die Theorie Hegels aber bildet diesen Tatbestand, nämlich die Existenz einer Autorität des Anführers unter sozial gleichgestellten Männern nicht ab. Und sie trifft noch weniger auf den Tatbestand der Autorität des *Vaters* oder des *Richters* zu, wo das Element des Kampfes und des Einsatzes des eigenen Lebens vollständig fehlen.

---

3 Auslassung im Original.

Hingegen erklärt die hegelianische Theorie die Verwandtschaft zwischen dem Fall der Autorität des Herrn und den Fällen, die wir als ihre »Varianten« aufgezählt haben. Auch wenn man die Tatsache berücksichtigt, dass die Autorität des Adeligen, des Soldaten, des Mannes und des Siegers eine zusammengesetzte Natur haben, muss man sagen, dass das vorherrschende Element, das als letztes Fundament (oder als »Rechtfertigung«) dient, nichts anderes als die Autorität des Herrn ist, die im Risiko gründet. Dies ist offensichtlich für den Soldaten und den Zivilisten, für den Sieger und den Besiegten. Aber es ist ebenso unbestreitbar, dass der Adelige ursprünglich und vor allem ein Krieger ist, wohingegen der gemeine Bürger nicht am Krieg teilnimmt. Und schließlich scheint es, als beziehe der Mann seine Autorität über die Frau letzten Endes aus demselben Grund.

Gehen wir nun weiter zur *Theorie Aristoteles'*. Auch sie stellt sich als eine Theorie der Herrschaft dar. Tatsächlich aber trifft sie auf einen gänzlich anderen Typ der Autorität zu.

Aristoteles zufolge hat der Herr das Recht, Autorität über den Knecht auszuüben, weil er *voraussehen* kann, während Letzterer nur die *unmittelbaren* Bedürfnisse erfasst und sich ausschließlich von ihnen leiten lässt. Es handelt sich also, wenn man so will, um die Autorität des »Verstandesbegabten« über das »Tierische«, des »Zivilisierten« über den »Barbaren«, der »Ameise« über die »Zikade«, des »Hellsichtigen« über den »Blinden«. (Es handelt sich auch um die Autorität desjenigen, der einen Auftrag erteilt über denjenigen, der ihn erfüllt.) Derjenige, der einsieht, dass er weniger gut und weniger weit sieht als ein anderer, lässt sich von diesem umstandslos *leiten* oder *führen.* Er verzichtet also bewusst auf mögliche Gegenreaktionen; er erfährt die Akte des anderen, ohne sich ihnen zu widersetzen, ohne zu protestieren, ohne sie anzufechten und sogar ohne Fragen zu stellen: Er folgt dem anderen »blind«.

Es liegt also in der Tat Autorität vor. Allein, diese Theorie der *Autorität* hat nichts mit der Autorität des *Herrn* zu tun, die dafür sehr gut von der Theorie Hegels erklärt wird. Die Theorie Aristoteles' passt auf den Fall der Autorität des Anführers im Verhältnis zu seiner Bande: Sie gibt Auskunft über die Autorität des *dux*, des *Duce*, des *Führers**, des *leaders*, etc.

Betrachten wir also ein vertrautes Beispiel. Eine Bande von Jungs findet sich zum Spielen zusammen. Einer von ihnen schlägt vor, Äpfel von der nachbarlichen Obstwiese zu stehlen. Dadurch allein setzt er sich unmittelbar an die Stelle des Anführers der Bande. Er wird dazu, weil er *weiter* gesehen hat als die anderen, weil er der einzige war, der sich ein *Projekt* ausgedacht hat, während die anderen die Ebene der unmittelbaren Gegebenheiten nicht verlassen konnten. Nun lässt alles darauf schließen, dass die ersten »wahren« Anführer auf dieselbe Weise zum Vorschein kamen: Eine Bande von »Herren«, von »edlen Räubern«, schart sich um einen Anführer, der den Plan zu einem Raubzug vorschlägt; und für die Dauer der Ausführung *seines Projektes* ist er mit absoluter Autorität ausgestattet: Er ist »Diktator«, um nicht zu sagen »König« (vgl. die spontane Genese der Autorität des Anführers bei Xenophon, Anabasis III, 1, 4, 11–14, 24–27, 30–34, 36–47; vgl. auch II, 2, 2–5).

Anmerkung. Wir sprechen hier vom Anführer einer Bande und nicht vom Anführer des Staates, dessen Autorität komplex ist; die Autorität des Anführers ist nur eines ihrer Elemente. Wir werden in B, I. wieder darüber sprechen. Fürs erste sagen wir lediglich das Folgende: Die Soziologen haben die Überzeugung etabliert, dass der Staat generell dort entsteht, wo eine Bande von Eroberern, das heißt von »Herren«, sich in einem eroberten Land ansiedelt und die Eingeborenen mehr oder weniger unterjocht. Diese Besiegten sind die [Untertanen oder] »Subjekte« der Sieger, welche Ersteren gegenüber von der Autorität der Herren profitieren. Der Anführer der Sieger ist also zu allererst Anführer (im Verhältnis zu den ihm »Gleichgestellten«, also den Herren) und zweitens Herr (im Verhältnis zu seinen »Subjekten«, den Knechten, den Besiegten). Indem er gleichzeitig Anführer und Herr ist, ist er Anführer des Staates oder Souverän, »König« oder »Diktator« im eigentlichen Sinn des Wortes. Das will andererseits nicht sagen, dass er *nur* Anführer oder Herr ist. Er kann außerdem noch in den Genuss der Autorität des Vaters und des Richters kommen.

Die Theorie Aristoteles' gibt also über die Autorität des Anführers einer Bande Auskunft. Und sie erlaubt auch, die Verwandtschaft zwischen dieser Autorität und dem, was wir seine »Varianten« genannt haben, zu erklären. Für die Autorität des Vorgesetzten über die Untergebenen ist der Fall klar. Ein Direktor oder ein Offizier sieht weiter als ein Angestellter oder ein Soldat: Sie haben Informationen über das Kommende und entwerfen Pläne und Projekte, während die Untergebenen nichts als das unmittelbar Gegebene, nämlich die Bedürfnisse des Tages sehen. Selbst wenn die Vorgesetzten nur Befehle von höherer Stelle weitergeben, kennen sie diese *vor* ihren Untergebenen und profitieren daher im Vergleich zu ihnen von einem *Vorwissen*.

Dasselbe gilt für die Autorität des Meisters über den Schüler: Der Schüler verzichtet auf Reaktionen gegen die Handlungen des Meisters, weil er denkt, dass Letzterer bereits dort ist, wo er selbst erst später ankommen wird: Er ist ihm *voraus*.

Dieselben Bemerkungen treffen auf die Autorität des Gelehrten, des Technikers etc. zu. Sie sehen auf den Grund der Dinge, wo die Ungelehrten nur die Oberfläche sehen: Sie sehen also besser als Letztere, beziehungsweise haben eine breitere und tiefere Sicht auf die Dinge. Von daher ist es ihnen möglich, Ereignisse vorauszusehen, was schon immer die Autorität des Gelehrten bestätigt (oder besser gesagt: hervorgebracht) hat.

Die Autorität des Wahrsagers, Propheten, Orakels, etc. schließlich ist ein besonders frappierendes Beispiel von Autorität im Einklang mit Aristoteles' Theorie: Die unbezweifelbare Autorität des Wahrsagers (des Orakels) ist ein reiner Fall der Autorität des Anführers.

Hingegen gibt Aristoteles' Theorie keine Auskunft über die Autorität des Herrn über den Knecht, wie sie Hegel sehr gut erläutert hat. Und sie hat auch nichts zu sagen über die Autorität des Vaters und der des Richters.

Sicher, der Vater der Familie kann zugleich Anführer einer Bande sein (falls die Familie eine solche darstellt). Aber diese Autorität des Anführers hat nichts mit derjenigen zu tun, die er in seiner Eigenschaft als Vater hat, und die noch einmal eine andere Sache ist als die Autorität des Herrn über den Knecht. Denn offensichtlich hat die Autorität des Vaters nichts mit seiner *persönlichen* Tüchtigkeit zu tun, wie es bei allen reinen Formen der Autorität des Anführers der Fall ist sowie bei jenen gemischten Autoritäten, wo das Element des »Anführers« vorherrscht oder eine Rolle spielt.

Was den Richter angeht, so hat seine Autorität nichts mit einem Projekt, einem Vorwissen oder einer Vorhersage zu tun. Er schlägt nichts vor, er »richtet« lediglich über das, was *ist*. Und es sind nicht seine weitreichenden *Kenntnisse*, die die Autorität des Richters ausmachen, sondern einzig seine »Gerechtigkeit«.

Es ist also nicht die Theorie Aristoteles', sondern jene Platons, die über die »reinen« Fälle der Autorität des Richters Auskunft geben.

Betrachten wir also die *platonische Theorie der Autorität*.

Für Platon ist jede Autorität in Gerechtigkeit oder Billigkeit gegründet – oder sollte es zumindest sein. Alle anderen Formen der Autorität sind illegitim, was praktisch so viel bedeutet wie instabil, unbeständig, vorübergehend, ephemer, zufällig. Sie sind nichts als Pseudoautoritäten. In Wirklichkeit beruht jede Macht, die sich nicht auf Gerechtigkeit gründet, auch nicht auf Autorität im eigentlichen Sinn des Wortes. Sie erhält sich nur anhand von Gewalt (das heißt »Terror«). Nun ist eine solche Aufrechterhaltung aber notwendigerweise prekär.

Es steht außer Zweifel, dass diese Theorie in ihrer Exklusivität falsch ist. Die Autorität des Herrn oder die des

Anführers haben als solche offensichtlich nichts mit Gerechtigkeit zu tun. Und die Autorität des Vaters hängt ebenfalls nicht vom Tatbestand ab, ob er Gerechtigkeit verkörpert oder nicht. Um das zu erkennen, genügt es aufzuzeigen, wo die *Konflikte* zwischen dem kindlichen Gehorsam und dem Gerechtigkeitsgefühl liegen. Denn eine Anordnung des Vaters kann ohne Diskussion (ohne »Gegenreaktion«) ausgeführt werden, selbst wenn sie sich konträr zu dem verhält, was der Sohn für gerecht hält. Dasselbe gilt für den Fall des Herrn und des Anführers.

Andererseits aber beweist allein die Tatsache, dass es solche Konflikte gibt, dass die Gerechtigkeit eine Autorität *sui generis* begründen kann, die es vermag, ein Gegengewicht zur Autorität des Herrn, des Anführers oder des Vaters darzustellen oder diese sogar zu zerstören. (Die Beispiele sind zu zahlreich und zu bekannt, um sich die Mühe zu machen, sie zu zitieren.)

Die Gerechtigkeit kann also als Fundament einer Autorität *sui generis* dienen, und Platon hat sich nur dahingehend geirrt, die unabhängige Existenz der drei anderen Autoritätstypen zu negieren.

Man kann an dieser Stelle auf die (von Herodot, I, 96–100, überlieferte) Legende von der Geburt der Monarchie bei den Medern aufmerksam machen. Die Meder lebten in Anarchie (im Naturzustand würde man später sagen), wo absolute Ungerechtigkeit herrschte (Hobbes' *bellum omnium contra omnes*). Einer unter ihnen (der mit Ehrgeiz nach Macht strebte), schickte sich an, Recht auszuüben. Die anderen kamen, um ihm ihre Meinungsverschiedenheiten vorzulegen, über die er als respektierter Schiedsmann urteilte. Als aber die Mandanten zu zahlreich werden, weigert er sich, sie alle zu empfangen und gibt an, dass er sich auch um seine eigenen Belange kümmern müsse. So wählten die Meder ihn zum König, um ihn von seinen persönlichen Nöten zu entlasten. *Nachdem* er König geworden war, verlangte er »Wächter, um seine Macht zu *festigen.*« Nachdem er sie erhalten hatte, »fuhr er fort, über die Gerechtigkeit zu wachen, aber er verknüpfte dies mit einer gewissen *Strenge*«, mit der er die Schuldigen verfolgte, selbst dann, wenn niemand ihn darum bat. (Anders gesagt wurde er vom *Schiedsmann*, der er war, zum *Richter* und Staatsanwalt.)

Es handelt sich hier natürlich nur um eine Legende. Allerdings zeigt sie, dass es der *Psychologie* nicht widerspricht, eine absolute Macht und daraus folgend eine absolute Autorität *allein* auf die Gerechtigkeit zu gründen. Und insofern es für Autorität ausreicht, *anerkannt* zu sein, um auch tatsächlich zu existieren, ist es prinzipiell möglich, dass die Autorität der Gerechtigkeit eine totale Autorität wird (und infolge dessen eine absolute Macht) wie es Platon sich wünschte.

Tatsächlich hat politische Macht sicherlich selten Gerechtigkeit als *Fundament* gehabt: Wo dieses Element hineinspielte, war es immer von anderen (der Autorität des Anführers, des Herrn oder des Vaters) begleitet und wurde von ihnen *dominiert*. Das ändert jedoch nichts daran, dass die Gerechtigkeit eines der Elemente absoluter Autorität sein kann. Es gibt also durchaus einen reinen und irreduziblen Autoritätstyp, den man Richter-Autorität nennen kann.

In der Tat kann die Autorität des Richters nicht anders erklärt werden als durch die Theorie Platons. Und es ist evident, dass das Prinzip der Gerechtigkeit oder der Billigkeit auch in diejenigen Autoritätstypen Eingang findet, die wir als Varianten des »reinen« Typs richterlicher Autorität aufgezählt haben.

Sicherlich, der Richter ist strenggenommen ein Funktionär, der von einer *politischen* Macht, das heißt von einem Staat, abhängig ist und einen solchen voraussetzt (vgl. die angeführte Fabel Herodots). Um wahrhaft ein *Richter* zu sein, muss er von der *Gewalt* unterstützt werden, und muss sich [seinerseits] auf die von einem Staat anerkannten *Gesetze* stützen. Anders gesagt, seine Macht ist komplex, und seine Autorität selbst scheint notwendigerweise noch andere Elemente zu implizieren als dasjenige der Gerechtigkeit (das des Anführers beispielsweise). Allerdings ändert das nichts daran, dass die auf gewisse Weise *persönliche* Autorität des Richters allein von seiner »Fairness« abhängt, sodass es sich um einen reinen Fall von Gerechtigkeitsautorität handelt.

Man sieht dies deutlich an der Variante der Autorität des Schiedsmannes (die, um ehrlich zu sein, keine *Variante* ist, sondern der *reine* Typ; es ist die Autorität des Richters, die eine Variante der Autorität des Schiedsmannes ist). Wenn man nicht gegen die Akte (»Urteile«) eines (frei gewählten) Schiedsmannes handelt, dann deshalb, weil man seine *Unparteilichkeit* annimmt, das heißt genauer, den Umstand, dass er sozusagen die Gerechtigkeit verkörpert.

So hat der »gerechte Mann« oder der »Rechtschaffene« eine unbestreitbare Autorität, selbst wenn er nicht die Funktion des Schiedsmannes einnimmt. Die *potentia* der Unparteilichkeit, das heißt der Objektivität, der Uneigennützigkeit usw. erzeugt auf eine allgemeine Weise immer Autorität. Und die Autorität eines Kontrolleurs, Zensors usw. kann nicht erklärt werden, ohne ein Element desjenigen ins Spiel zu bringen, was wir die Autorität des Richters genannt haben. Dieses Element kommt ohne Zweifel auch bei der Autorität des Beichtvaters ins Spiel.

Die drei untersuchten Theorien korrespondieren also mit drei unterscheidbaren und irreduziblen Autoritätstypen. Es bleibt uns also der vierte reine Typ, die Autorität des Vaters über seine Kinder, und eine vierte Theorie – nämlich die *scholastische* oder theologische (theokratische) *Theorie* der Autorität.

Also ist es nur natürlich anzunehmen, dass diese – ihrerseits prinzipiell universelle – Theorie in der Realität allein mit dem vierten Autoritätstyp korrespondiert, auf die gleiche Weise, wie die anderen Theorien jeweils mit einem einzigen reinen Typen korrespondieren.

Der Bezug zwischen der theologischen Theorie und der Autorität des Vaters erscheint auf den ersten Blick künstlich. Nehmen wir jedoch zur Kenntnis, dass die theologische Theorie, der zufolge *alle* wirkliche und legitime Autorität (die etwas anderes ist als bloße Gewalt) von Gott abstammt und nur ein Transfer der göttlichen Autorität ist, immer ein Prinzip der *erblichen* Übertragung von (menschlicher und damit politischer) Autorität (eines Staatsoberhauptes) impliziert. Nun ist es allein bei der Autorität des

Vaters der Fall, dass die Vorstellung von Erbschaft auf natürliche Weise eine Rolle spielt: Diese Autorität basiert auf dem Verhältnis zwischen Eltern und Kindern; es ist nur natürlich, anzunehmen, dass die Autorität des Vaters – wie eine Erbschaft – auf den Sohn übergeht (insofern für ihn der Moment kommt, Vater zu werden und für seinen eigenen Vater der Moment, zu sterben).

Gesetzt den Fall, dass nach der scholastischen Theorie *alle* (menschliche) Autorität essenziell *göttlich* ist, muss man – um diese Theorie zu studieren, – das betrachten, was für sie diese absolute Autorität darstellt.

Gesetzt den Fall, dass Gott das *Summum* der Autorität verkörpert, so ist es nicht erstaunlich, dass wir in der theologischen Theorie alle vier reinen Typen finden, die wir aufgezählt haben. Gott ist für den Menschen »Herr« und »Gebieter«: Die Autorität des Herrn ist also ein integraler Bestandteil der umfassenden göttlichen Autorität. Aber Gott ist auch der »Anführer«, der »*dux* der Heerscharen« (*Sabaoth*), der »*leader*«, der sein Volk, dessen Schicksale er im Voraus kennt, führt: Also spielt auch das Element der Autorität des Anführers in die göttliche Autorität mit hinein. Zugleich ist die »göttliche Gerechtigkeit« eine religiöse Kategorie von höchster Wichtigkeit, bei der Gott immer als der oberste Richter des Menschen und als souveräne Verkörperung von Gerechtigkeit und Billigkeit verstanden wird: Die göttliche Autorität beinhaltet also ebenfalls das Element der Autorität des Richters.

Allerdings haben wir bereits drei Theorien, die über diese drei reinen Autoritätstypen Auskunft geben. Die scholastische Theorie interessiert uns also nur, insoweit sie über den letzten reinen Autoritätstyp Auskunft geben kann, nämlich die Autorität des Vaters. Nun impliziert die umfassende göttliche Autorität in der Tat diesen letzten Autoritätstyp: Gott ist auch »Vater«, ist »unser Vater im Himmel«. Die theologische Theorie muss also über das Auskunft geben, was wir die Autorität des Vaters genannt haben, und von dem die anderen drei Theorien nicht Auskunft geben können.

Anmerkung. Wir haben nun gesehen, dass die göttliche Autorität sich von der menschlichen Autorität durch die Tatsache unterscheidet, dass sie kein »Risiko« impliziert, insofern alle Gegenreaktionen gegen die Akte Gottes absolut unmöglich sind. Im Fall der Autorität des Richters bedeutet das keine Schwierigkeiten, bedenkt man, dass göttliche Urteile unfehlbar sind. Dasselbe gilt für die Autorität des Anführers: Die göttliche Macht bleibt in dem Maße *Autorität,* und nicht bloße Gewalt, in dem Gott für allwissend gehalten wird. Bei der Autorität des Herrn jedoch verhält es sich nicht auf dieselbe Weise: Die göttliche Allmacht kann auf gar keinen Fall dessen Autorität begründen, weil sie am Ende nichts anderes ist als eine Sublimation roher *Gewalt.* Wir haben gesehen, dass die *Autorität* des Herrn (die etwas anderes ist als seine »Macht« oder seine »Mächtigkeit«, die von seiner »Gewalt« herrühren) einzig auf dem Risiko gegründet ist, dem er sich im Kampf um Leben und Tod aussetzt. Nun kommt das im Fall Gottes nicht in Frage. Die theologische Theorie kann also über den reinen Fall der Autorität des Herrn nichts aussagen. Die Scholastiker mussten sich darüber – mehr oder weniger unbewusst – klargeworden sein, denn man bemerkt bei ihnen eine sehr markante Tendenz, das Element des »Herrn« zugunsten desjenigen des »Vaters« zu unterdrücken. Was den Gott der Liebe angeht, so hat diese mit Autorität im eigentlichen Sinne nichts zu tun: In dieser Hinsicht möchte Gott die Menschen *spontan* handeln lassen; das heißt er verzichtet – als Liebe, als Liebender und Geliebter – auf seine *Autorität*. Vgl. jedoch das, was weiter oben über die Affinität zwischen Liebe und Autorität gesagt wurde.

Erst mit dem Moment, da Gott als *Schöpfer* der Welt und des Menschen aufgefasst wurde (also mit der jüdisch-christlichen und islamischen Theologie) erlangte die Vorstellung eines Gott-Vaters ihre ganze Bedeutung und Klarheit. In dem Maße, da die scholastische Theorie die göttliche Autorität durch die Vorstellung eines Gott-Vaters erklärt oder »rechtfertigt«, beruft sie sich also eigentlich auf die Idee der Schöpfung. Gott ist der »Vater« der Menschen, weil er sie tatsächlich »erzeugt« hat, indem er sie (*ex nihilo*) »geschöpft« hat: Er ist ihre (»formale«) *Ursache*. Nun kann aber ein »Effekt« seine »Ursache« nicht »leugnen«: Wenn die Ursache auf den Effekt einwirkt [agir] (in dem sie ihn hervorbringt), kann der Effekt nicht auf die Ursache zurückwirken [réagir]. In dem Maße, da die Menschen verstanden haben, dass sie das Werk Gottes sind, haben sie die eitle Illusion einer Möglichkeit zur Gegenreaktion gegen die göttlichen Handlungen aufgegeben: Sie »erkennen« die göttliche Autorität »an«, die als *Autorität* (und nicht nur als »Kraft« oder Gewalt) nichts anderes ist als diese »Anerkennung« (das heißt der bewusste und freiwillige Verzicht auf »Gegenreaktion«).

Diese »Rechtfertigung« der Autorität durch das Verhältnis der »Ursache« auf den »Effekt« hat nichts mit einer »Rechtfertigung« durch »Voraussicht«, »Risiko« oder

»ausgleichende Gerechtigkeit« zu tun. Es handelt sich also in der Tat um eine von den drei zuvor diskutierten Theorien verschiedene Theorie. Zugleich ist es völlig klar, dass sie nur auf die Autorität des Vaters zutrifft und nicht auf die des Anführers, des Herrn oder des Richters.

Allerdings versucht die scholastische Theorie die *Gesamtheit* der göttlichen Autorität allgemein als eine Autorität des Vaters (des Schöpfers, der »Ursache«) zu interpretieren.

Anmerkung. Der sogenannte »kosmologische« Beweis der Existenz Gottes ist eine »Rechtfertigung« oder eine metaphysische Erklärung der göttlichen Autorität, wie man sie sich in Form der Autorität des Vaters (= Ursache) vorstellt. Der sogenannte »ontologische« Beweis ist der Versuch einer ontologischen Analyse derselben Autorität der Vater-Ursache. Was den sogenannten »physiko-theologischen« Beweis angeht, so »rechtfertigt« er die göttliche Autorität, insofern sie als Aspekt der Autorität des Anführers aufgefasst wird.

Zugleich führt diese Theorie alle menschliche Autorität auf die göttliche Autorität zurück. Sie hat also die Tendenz alle (menschliche) Autorität als eine Variante der Autorität des Vaters zu interpretieren. (Daher auch die Tendenz, das »väterliche« Element in der Autorität der politischen Gewalten [pouvoirs] zu betonen.) Nun ist die Autorität des Vaters die »Autorität« der Ursache über den Effekt. Die Ursache aber überträgt, per Definition, ihr »Wesen« (oder ihre »Potenz«) auf den Effekt. Es ist also ganz natürlich, das *Prinzip der Vererbung* in der Übertragung der Autorität des Vaters (= Ursache) anzunehmen. Auf diese Weise wurde die theologische Theorie der Autorität zur Theorie der *Erbmonarchie*.

Gewiss, der Begriff des *Schöpfer*-Gottes ist spezifisch jüdisch-christlich, um nicht zu sagen scholastisch. Aber jede Theologie und demzufolge jede *theologische* Theorie der Autorität hat *analoge* Begriffe zur Idee der Schöpfung. Gott ist immer mehr oder weniger ein Gott der *Vormundschaft*: Er ist eine Art »Ursache« derjenigen sozialen oder politischen Gruppierung, die seine Autorität »anerkennt«. Er ist es, der die *Kontinuität* (die »Filiation«), das heißt die *Einheit* der Gruppe, garantiert, und der ihren »Charakter« und ihre »Individualität« (in der Unterscheidung zu anderen) festmacht, indem er ihren *Ursprung* bestimmt. Daher auch der »traditionelle« Charakter der Gottheit und des Göttlichen (Heiligen): Gott ist immer der Gott der *Vorfahren* (»Gott Abrahams, Isaaks und Jakobs«). Daher auch der göttliche (heilige) Charakter der ganzen »Tradition«: Letzten Endes wird jene Vergangenheit, die die Gegenwart *bestimmt*, in der Regel auf einen *göttlichen* Ursprung zurückgeführt.

Man kann also durchaus sagen, dass die scholastische Theorie nicht nur über die Autorität des Vaters im eigentlichen Sinne Auskunft gibt, sondern zusätzlich über den »reinen« Typ der Autorität des Vaters im Allgemeinen, sowie über die (»abgeleiteten« oder »komplexen«) Typen der Autorität, die wir als ihre »Varianten« aufgezählt haben. Wir können also diese Theorie den drei anderen an die Seite stellen und dabei ihren *theo*-logischen Charakter von ihr abziehen. Oder anders gesagt: Ohne alle »Ursachen« aus einer letzten *göttlichen* Ursache aufsteigen zu lassen, können wir behaupten, dass die Autorität des Vaters (sowie ihre Varianten) sich in letzter Analyse durch den (tatsächlichen oder angenommenen) Tatbestand der Unmöglichkeit jeglicher »Reaktion« (oder, genauer gesagt, des bewussten und freiwilligen Verzichtes darauf) von Seiten des »Effekts« gegen das Einwirken der Ursache auf ihn erklären lässt.

Für den »reinen« Fall väterlicher Autorität ist das klar. Was die »Variante« der Autorität des Älteren über die Jungen angeht, finden wir hier gleichermaßen (neben anderen Elementen) die Vorstellung der »Urheberschaft« [paternité] oder der »Ursache«: Es handelt sich um die Vorstellung der »Generation«, beziehungsweise der »kollektiven« Urheberschaft, wobei die Generation der Älteren (die »alte Generation«) die Väter-Generation für die jungen Leute (die »neue Generation«) darstellt. Genauso verhält es sich für die Autorität der Tradition und ihrer Hüter. Letztere sind in ihrer Eigenschaft als Ältere nicht nur die »materialen« (physischen) Väter der Menschen von heute: Als Repräsentanten der *Tradition* sind sie ihre »geistigen Väter« und verkörpern die »Ursache«, die die Welt von heute zu dem gemacht hat, was sie ist. Und es ist *als* »Ursache«, die die gegebene soziale, politische, kulturelle Wirklichkeit *bestimmt*, dass die Tradition als solche *Autorität* ausübt: Man verzichtet freiwillig und bewusst darauf, ihr »entgegenzuwirken«, weil eine solche »Gegenreaktion« eine Reaktion gegen sich selbst wäre, das heißt eine Art des Selbstmordes.

Von diesem Gesichtspunkt aus erklärt sich die Autorität des Toten durch die Tatsache, dass das Tote in noch größerem Maße »Ursache« ist als das Lebende (die »Ursache« verschwindet im Allgemeinen, nachdem sie ihren »Effekt« gezeitigt hat, und besteht nur in Letzterem oder als dieser selbst fort).

Aber der reinste Fall der Autorität des Vaters, verstanden als »Autorität« der »Ursache« über den »Effekt«, ist vielleicht die Autorität, die ein Autor (im weiten Sinne des Wortes) über sein Werk ausübt. (*Zum Beispiel:* Die Autorität der führenden Figur innerhalb einer literarischen, künstlerischen oder anderen Schule; die Autorität des Gründers einer »Kolonie«, die Autorität eines Baden-Powell unter den *scouts*, etc.)

3.

a) Wir sind also bei folgendem Resultat angelangt. Es gibt vier irreduzible Typen (menschlicher) Autorität:

- Vater (Ursache)
- Herr (Risiko)
- Anführer (Projekt–Vorausschau)
- Richter (Billigkeit, Gerechtigkeit)

Jedem dieser Typen korrespondiert eine Theorie:

- Vater: Scholastik
- Herr: Hegel
- Anführer: Aristoteles
- Richter: Platon.

Die konkreten Fälle realer Autorität sind freilich immer komplex: Hier sind alle vier reinen Typen kombiniert. Aber man kann sie nichtsdestoweniger nach der *Vorherrschaft* eines – oder mehrerer – dieser reinen Typen unterscheiden: Man kann *vornehmlich* Anführer sein; oder *vornehmlich* Richter; oder *vornehmlich* Anführer und Richter; usw. »Vorherrschaft« meint, dass entweder die Autorität eines bestimmten Typs »höher« ist im Vergleich mit derjenigen der anderen Typen (man »reagiert« zum Beispiel weniger gegen Herrn Sowieso, wenn er in seiner Funktion als Anführer handelt, als wenn er als Richter handelt, usw.), oder dass die Autorität eines bestimmten Typs als »Basis« der Autorität der anderen Typen dient (zum Beispiel: man »reagiert« nicht gegen die »Urteile« von Herrn Sowieso, weil er in seiner Eigenschaft als Anführer über Autorität verfügt; oder, im Gegenteil, wir »reagieren« nicht gegen seine »Projekte«, weil er Autorität als Richter hat; usw.)

Anmerkung. Darüber hinaus scheint es der Fall zu sein, dass die Autorität, die als »Grundlage« dient, aus demselben Grund auch die »höchste« ist.

Des Weiteren kann man, wenn mehrere dominante Typen vorkommen, eine Hierarchie unter ihnen feststellen (zum Beispiel: Falls eine »Vorherrschaft« der Typen des Anführers und des Richters vorliegt, kann man den Fall, in dem der Anführer vor dem Richter »vorherrscht« von dem Fall unterscheiden, wo der Richter Vorherrschaft über den Anführer hat; usw.).

Angenommen, dem ist so, dann können wir eine vollständige Liste aller möglichen Autoritätstypen aufstellen.

So bekommen wir:

4 reine Typen (V, A, H, R)[4]

6 Kombinationen von zwei reinen Typen (VA, VH, VR, AH, usw.), in jeweils zwei Varianten (VA und AV, usw.), was zwölf Typen macht.

4 Kombinationen à drei Typen mit 6 Varianten, macht 24 Typen.

1 Kombination von vier Typen mit 24 Varianten (VAHR, AVHR, RHVA, HVRA, usw.)

So erhalten wir also im Ganzen 64 Autoritätstypen (4 reine und 60 zusammengesetzte) oder auch 15 (4 reine und 11 zusammengesetzte), wenn man die »Varianten« außer Acht lässt.

Wenn unsere Theorie richtig ist, erschöpft diese Liste alle Möglichkeiten. Es ginge dann nur darum, zu prüfen, ob alle *realisiert* oder *realisierbar* sind. Für jeden konkreten Fall könnte man untersuchen, auf welchen (reinen oder kombinierten) Typ er zutrifft. Und man müsste betrachten, was alle diese Kombinationen *bedeuten* (und daraus alle Konsequenzen ziehen).

Selbstverständlich kann es hier nicht darum gehen, eine vollständige phänomenologische Analyse zu unternehmen.

Sagen wir lediglich, dass man sorgfältig die *totale* Autorität, die alle vier reinen Typen umfasst, von den *selektiven* Autoritäten unterscheiden muss, die nur eine, zwei oder drei der Typen in sich vereinen. Denn das Wissen darum, auf welchen Bereich sich eine bestimmte Autorität erstreckt, ist sehr wichtig, um zu erkennen, was sie ist und

---

4 V = Vater, A = Anführer, H = Herr, R = Richter.

um so ermitteln zu können, wie man sich anstellen muss, um sie auf die beste Weise zu etablieren, auszuüben, zu bewahren und zu übertragen.

Gewiss ist jede reale Autorität, wie wir schon gesagt haben, in Wahrheit mehr oder weniger *total*. Anders gesagt, indem man jemandem die Autorität einer der vier reinen Typen (zum Beispiel der des Anführers) zugesteht, ist man naturgemäß geneigt, ihm auch die drei anderen (als »abgeleitete« Autoritäten) zuzugestehen. Ebenso hat jeder, der über selektive Autorität verfügt, die natürliche Tendenz, sie in eine totale Autorität umzuwandeln. Hingegen ruft die Feststellung einer vollständigen Abwesenheit eines reinen (oder mehrerer reiner) Typen von Autorität im Allgemeinen die Aufhebung des (oder der) vorhandenen Typen hervor. (Zum Beispiel: Wenn man feststellt, dass ein Anführer als Richter eine »Niete« ist oder sogar »ungerecht«, neigt man dazu, selbst seine Autorität als Anführer nicht mehr anzuerkennen; etc.).

An der Existenz von selektiver Autorität besteht dennoch nicht der Hauch eines Zweifels. Das heißt die (relative) Abwesenheit eines reinen Autoritätstypen hebt nicht eigentlich die Autorität eines anderen Typs auf, sondern schwächt sie nur.

Das bringt uns dazu, die *absolute* Autorität von den *relativen* Autoritäten zu unterscheiden. Man kann dort von *absoluter* Autorität sprechen, wo *keiner* der Akte desjenigen, der Autorität hat, »Gegenreaktionen« hervorruft. Was die *relative* Autorität angeht, so kann man sie nach relativer »Größe« klassifizieren, also nach dem Verhältnis zwischen der Anzahl der Akte insgesamt und derjenigen, die keine »Gegenreaktion« hervorrufen (sei es auch nur in Form von Zweifel oder Diskussion).

Es ist evident, dass die absolute Autorität im starken Sinne des Wortes in Wahrheit niemals realisiert wird. Allein von Gott wird *angenommen*, dass er sie besitze (oder, genauer gesagt, dass er sie hätte haben müssen). Und es ist ebenfalls evident, dass eine *absolute* Autorität nur *total* sein kann. Aber kann man sagen, dass eine *totale* Autorität notwendigerweise *absolut* ist? Und kann man im Allgemeinen (*a priori*) »theoretische« Verbindungen zwischen dem *Typ* einer Autorität (sei sie rein oder zusammengesetzt) und ihrem »Ausmaß« (ihrer relativen »Größe«) ziehen? (Kann man zum Beispiel prinzipiell sagen, dass im Fall einer Autorität aus Anführer + Richter, die Variante Anführer-Richter relativ betrachtet eine größere Autorität darstellt als diejenige, die mit der Variante Richter-Anführer korrespondiert; usw.?)

Ohne jeden Zweifel ist die Untersuchung dieser Fragen sowohl theoretisch als auch praktisch (in der Politik zum Beispiel) von großem Interesse. Aber wir können sie hier weder ausführen noch auch nur anstoßen.

Anmerkung. Eine Untersuchung dieser Art wird es erlaubten, das Problem der »Gewaltenteilung« und das der »Konstitution« endgültig zu lösen, ebenso wie das Problem der Staatsstruktur im Allgemeinen. Siehe dazu weiter unten, B, I.

b) Gleichermaßen können wir auch ein anderes Problem, das sich naturgemäß an die phänomenologische Analyse der Autorität anschließt, hier nur streifen, nämlich dasjenige der *Genese* und der *Übertragung von Autorität*.

Was ihre *Genese* angeht, kann die Autorität entweder *spontan* oder *bedingt* sein. Im ersten Fall entspringt sie spontan, ohne jeglichen äußerlichen »Akt« und ohne die vorhergehende Existenz irgendeiner anderen Autorität vorauszusetzen, den Akten, die von demjenigen ausgehen, der über sie verfügen wird. Im Fall der *bedingten* Autorität entspringt sie einer Reihe von anderen Akten als denen desjenigen, der über sie verfügen wird, und setzt allgemein die Existenz einer anderen Autorität voraus, von der sie abhängt. So führt also die Untersuchung der *bedingten* Genese der Autorität zur Untersuchung der *Übertragung* von Autorität.

Alle vier reinen Autoritätstypen eignen sich für eine *spontane* Ursache oder Genese. Es ist das *persönliche* Risiko, das die Autorität des Herrn entstehen lässt, und es besteht keinerlei Notwendigkeit, dass es davor irgendeine andere Autorität gäbe: Es ist leicht, sich das Erscheinen des »ersten« Herrn über die Erde zu denken, »noch bevor« es die Autoritäten des Anführers, des Richters oder sogar des Vaters gab. Aber man kann genauso gut annehmen, dass die »erste« Autorität die des Anführers war: dass der *persönliche* Akt des »ersten« Menschen, der das »erste« Projekt vorschlug, sie in einer »Epoche« stiften konnte, wo es allgemein gesagt noch keine Autorität gab. Man kann auf gleiche Weise der (weiter oben zitierten) Legende Herodots zustimmen, nach der die »erste« Autorität diejenige des Richters war, spontan entstanden durch die persönliche Ausübung der Gerechtigkeit durch ein einzelnes Individuum.

Was die Autorität des Vaters angeht, scheint es keinen Grund zu geben, von *spontaner* Genese zu sprechen, denn das Individuum *tut* nichts, um sie zu erwerben. In Wahrheit aber unterscheidet sich dieser Fall nicht von den vorherigen: Im weiteren Sinn des Wortes muss man ebenfalls etwas »tun«, um die Autorität des Vaters zu erhalten, nämlich Vater werden (oder, im abgeleiteten Fall, ein mehr oder weniger fortgeschrittenes Alter erreichen). Der einzige Unterschied ist, dass in diesem Fall *jeder* Mensch im Prinzip in der Lage ist, das zu »tun«, was notwendig ist, um in den Genuss der Autorität des Vaters zu gelangen (denn es genügt, ausreichend lange zu leben – was bislang noch nicht für alle eintritt), während es bei den drei anderen Fällen von Autorität um »Handlungen« im engen Sinn des Wortes geht, also um persönliche Akte, die ein spezielles »Talent« verlangen, das nicht bei jedem anzutreffen ist. Jedenfalls kann man sich das Erscheinen des »ersten« Vaters, bekleidet mit der entsprechenden Autorität, sehr gut in einer »Epoche« vorstellen, da noch keine andere Autorität existiert hat. Und es ist wirklich der Vater *selbst*, der die Autorität hervorbringt, die ihm zugutekommt.

Hingegen muss man diese Fälle *spontaner* Genese von den Gründen der *bedingten* Genese unterscheiden. Der Hypothese des »Gesellschaftsvertrags« zufolge beispielsweise entsteht die »erste« (politische) Autorität aus einer (kollektiven) Entscheidung, also nicht aus dem Akt desjenigen, der Autorität ausüben wird, sondern derjenigen, die sie erfahren werden. Die Autorität ist hier also *bedingt* durch etwas *anderes* als durch sie selbst, durch *andere* Akte als die desjenigen, der sie verkörpern wird. Ebenso verhält es sich, wenn der Mensch, der die Autorität verkörpern soll, per Los gezogen wird, oder auf Grund von etwas bestimmt wird, das nichts mit seinen eigenen Taten (»Verdiensten«) oder seiner »Persönlichkeit« im Allgemeinen zu tun hat (der Fall des Dalai-Lamas beispielsweise).

Allerdings kann man sich fragen, ob es in Fällen dieser Art wirklich eine *Genese* der Autorität gibt. Vielmehr scheint es, dass wir Zeuge einer *Übertragung* von Autorität sind, wobei das Erscheinen einer neuen Autorität durch die vorangehende Existenz einer anderen *Autorität* bedingt ist.

Selbst in den Augen seiner Anhänger war der »Gesellschaftsvertrag« bloß eine »Arbeitshypothese«: Sie haben niemals behauptet, dass Autorität *tatsächlich* auf diese Weise entsteht. Und die phänomenologische Analyse schließt diese Möglichkeit aus.

Dieser Analyse zufolge ist *alle* Autorität entweder Autorität des Vaters, Anführers, Herrn oder Richters, oder aber eine Kombination dieser »reinen« Autoritäten. Nun haben wir gesehen, dass jede dieser »reinen« Autoritäten in der Lage ist, sich selbst *spontan* hervorzubringen. Hingegen ist es unvorstellbar, dass eine von ihnen (zum »ersten« Mal) als Resultat aus einem »Gesellschaftsvertrag«, oder irgendeiner Art Losverfahren oder aus einem anderen Akt dieser Art hervorgeht.

Was die bekannten konkreten Fälle *bedingter* »Genese« angeht, so offenbart sich für alle, dass sie keine wirklichen *Genesen* sind. Zum einen gibt es allgemein gesprochen den vorangehenden Einsatz einer bereits »anerkannten« (und damit existierenden) göttlichen Autorität: Das Los, o.ä. bestimmt lediglich den von Gott Auserwählten, auf den dieser seine Autorität *überträgt*. Zum anderen handelt es sich niemals um die *Geburt* einer *neuen* Autorität: Die Autorität selbst ist bereits da (das heißt sie ist bereits »anerkannt«), und es handelt sich nur um den Wechsel ihres materialen (menschlichen) Trägers, wenn man sie von einem Individuum (oder einer Gruppe) zum anderen übergehen lässt, sodass es sich auch hier um die Frage der *Übertragung* von Autorität handelt.

Wir können also sagen, dass jede wahrhafte *Genese* der Autorität notwendigerweise *spontan* ist (und dass es einen bestimmten – »reinen« oder »zusammengesetzten« – Typ der Genese für jeden – »reinen« oder »zusammengesetzten« – Typ der Autorität gibt). Was die sogenannten *bedingten* »Genesen« angeht, so sind sie lediglich Fälle von *Übertragung*. Es ist das Problem einer solchen Übertragung von Autorität, mit dem wir uns nun beschäftigen müssen.

Anmerkung 1. Man darf die *Geburt* (die Genese) einer Autorität nicht mit den *äußerlichen Zeichen* ihrer »Anerkennung« verwechseln. Gewiss, die Autorität existiert nur in dem Maße, da sie »anerkannt« ist: Der Herr ist nur Herr über seinen Knecht in dem Maße, da letzterer ihn als solchen (oder sich selbst als Knecht) »anerkennt«; etc. Man kann also sagen, dass die Genese der Autorität die Genese ihrer »Anerkennung« vonseiten derjenigen ist, die sie erfahren werden. Aber aus genau diesem Grund – denn es ist eigentlich dasselbe – kann man sagen, dass die

Autorität *sich selbst* jenen aufzwingt, die sich ihr beugen: Entweder gibt es *gar keine* Autorität, oder sie wird allein aufgrund der Tatsache ihrer *Existenz* »anerkannt«. Autorität und »Anerkennung« der Autorität sind ein und dasselbe. Aber von dieser »Anerkennung« (der Autorität) selbst kann man das unterscheiden, was man ihre *Manifestation* nennen könnte. Diese »Manifestation« ist nicht nur ein »äußerliches Zeichen des Respekts« usw., sondern auch die äußerliche Form des »Aktes der Anerkennung« selbst. Zum Beispiel: Jemand schlägt in einer Versammlung ein »Projekt« vor und ist infolgedessen zum Anführer »gewählt«; es ist *sein* Projekt, das seine Anführer-Autorität hervorgebracht hat und nicht die »Wahl« durch die *Anderen*; nicht weil gewählt wurde, hat er Autorität, sondern er ist gewählt worden, weil ihm bereits die Autorität zugutegekommen ist, die seinem »Projekt« entstammt; die Wahl war nur die »Manifestation«, das »äußerliche Zeichen« seiner Autorität, die *spontan* (das heißt durch den Akt der »Anerkennung« seiner Autorität) entstanden ist. Allgemein gesagt wird die Autorität (und ihre »Anerkennung«) im »Kandidaten« (der gewählt werden *wird*) geboren, *noch vor* seiner Wahl, die nur eine erste *Manifestation* dieser bereits existierenden (das heißt »anerkannten«) Autorität ist; genauso wie sich in der Nicht-Wahl eines »Kandidaten« nur sein Mangel an Autorität *manifestiert*.

Anmerkung 2. Die (»demokratische«) Theorie des »Gesellschaftsvertrages« stammt aus einer irrigen Interpretation des Umstandes, dass es Wahlen gibt (seien sie politisch oder anderer Art). Zum einen erkennt diese Theorie nicht, dass, wie wir es gerade gezeigt haben, die Wahl die Autorität nicht *hervorbringt*, sondern sie »bestätigt«, das heißt sie schlicht nach außen hin *manifestiert* (wie es auch alle Akte des Gehorsams, das heißt des Verzichtes auf »Reaktion« tun). Zum anderen vergisst diese Theorie, dass die bekannten Fälle von Wahlen nicht Prinzipien, sondern Menschen *betreffen*: Eine Wahl *überträgt* eine bereits existierende (das heißt anerkannte) Autorität von einem Individuum (oder einer Gruppe) auf ein anderes, aber *erschafft* niemals eine Autorität, die vorher nicht irgendwo anders existiert hätte.

Darüber hinaus zeigt eine Analyse dieser Theorie, dass sie selbst den Fall von *Übertragung* im Auge hat. Sie nimmt eigentlich an, dass im und durch den Akt der Wahl die Autorität von den Wählern auf den Gewählten (oder auf die Gewählten) übergeht, wobei erstere ihre Autorität (= »Macht«) zugunsten des Gewählten aufgeben. Nur auf diese Weise eigentlich kann man diese Theorie rechtfertigen (indem man sie korrigiert): Denn wenn es keine existierende Autorität gäbe, könnte eine Wahl sie niemals hervorbringen; es gäbe darüber hinaus keine *Wahlen*, denn es könnte niemals einen *Gewählten* geben. (Warum eher der eine als ein anderer, es sei denn es gäbe bereits Autorität? Und falls der Zufall entscheidet, warum hätte der »Gewählte« Autorität, es sei denn der Zufall sei eine göttliche Autorität? Wenn ich hingegen Autorität habe, hat sie der von mir Auserwählte ebenfalls; siehe weiter unten.)

Aber was ist das für eine Autorität, die sich in und durch Wahl überträgt?

Allem Anschein nach, und per Definition, kann man keine *Autorität* über sich selbst haben, schon die Vorstellung einer »Gegenreaktion« ergibt hier keinen Sinn. Zudem verleiht die Tatsache, dass ich – ein *isoliertes* Individuum – jemanden »gewählt« habe, dem »Gewählten« keine Autorität über mich (eher im Gegenteil!), es sei denn er verfügte über (von mir »anerkannte«) Autorität *unabhängig* vom Tatbestand meiner »Wahl«. Zudem spricht man zurecht von einer *kollektiven* und nicht von einer individuellen Wahl. Hier aber ist der Begriff der Autorität sinnvoll. Denn man kann in einer Gruppe das Ganze von den Teilen (dieses Ganzen) und einen Teil von einem (oder allen) anderen unterscheiden. Und man kann von einer Autorität des Ganzen über die Teile sprechen oder von einem Teil über einen (oder alle) anderen, insbesondere von einer Autorität der *Mehrheit* über die *Minderheit* (oder der Minderheit über die Mehrheit). Und die Wahl tut nichts weiter, als diese bereits existierende (das heißt anerkannte) Autorität auf den Gewählten zu übertragen.

Die ganze Frage beschränkt sich also darauf zu ermitteln, ob diese Autorität eine Autorität *sui generis* ist und ob sie etwas von der Autorität des Vaters, des Anführers, des Herrn und des Richters (und ihrer Zusammensetzungen), die wir unterschieden und beschrieben haben, Verschiedenes ist. Das ist es ja, was die Theorie des »Gesellschaftsvertrages« behauptet (indem sie allgemein von einer Autorität *sui generis* spricht, die die Mehrheit über die Minderheit hat). Wir müssen also sehen, ob diese Theorie zutreffend ist. (Wenn sie zutreffend ist, ist die unsere falsch. Wenn unsere wahr ist, muss die in Frage stehende Autorität sich entweder auf einen unserer »reinen« Typen oder auf irgendeine ihrer »Kombinationen« reduzieren lassen.)

Die Fälle, wo ein Teil einer Gruppe über einen anderen Teil Autorität eines bekannten Typs ausübt, interessieren uns nicht: Ob sie kollektiv oder individuell ist, ändert weder etwas an ihrer Natur, noch an der Art ihrer Genese (eine Gruppe kann beispielsweise die Autorität des Anführers genauso gut verkörpern wie ein Individuum; usw.) Man muss also herausfinden, ob es eine Autorität *sui generis* gibt, die einem Teil einer Gruppe einzig in seiner Eigenschaft als *Teil* zukommt. Nun kann *diese* Autorität nur auf dem *quantitativen* Wert der Gruppe gegründet sein. Denn der »qualitative« Wert ist nichts anderes als derjenige des Vaters, Anführers, Herrn oder Richters, sodass wir wieder auf die bereits untersuchten Fälle zurückfallen (da wir nicht zwischen den Fällen individueller und kollektiver Autorität unterschieden haben). Vom quantitativen Gesichtspunkt aber ergeben sich genau drei Fälle: Der Teil, der Autorität über einen anderen ausübt, kann ihr entweder *gleich* sein, die Mehrheit darstellen oder die Minderheit. Wenn die beiden Teile gleich sind, gibt es evidenterweise keinen Grund, warum der eine – in seiner Eigenschaft als *Teil* – Autorität über den anderen ausübt; wenn er es tut, gibt es »qualitative« Gründe, nämlich die Qualitäten des Anführers, des Richters, usw. Hingegen kann, im Prinzip, eine Mehrheit Autorität über die Minderheit ausüben, allein aufgrund der Tatsache, dass sich um eine *Mehrheit* handelt; genauso kann es eine Minderheit allein in ihrer Eigenschaft als *Teil* tun, also auf Grund der Tatsache, dass es sich um eine Minderheit handelt. Die Theorien des »Gesellschaftsvertrages« (die »demokratischen« Theorien) behaupten im Allgemeinen (wenn auch nicht immer; vgl. Rousseau!), dass es eine Autorität *sui generis* der Mehrheit als Mehrheit gibt; und man kann sagen, dass es diese Autorität *sui generis* ist, die durch Wahl auf den Gewählten übertragen wird.

Wenn man aber wirklich von einer Autorität der Mehrheit reden kann, kann man genauso gut von einer Autorität der Minderheit reden. Gewiss, erstere scheint offensichtlicher zu sein: Man beobachtet andauernd Fälle, wo man sich (bewusst und freiwillig) den Akten der Mehrheit unterordnet, allein, weil es sich um die *Mehrheit* handelt. Es gibt eine wohlbekannte Variante dieser Autorität: Die Autorität der »öffentlichen Meinung«, des »Was-werden-die-Leute-sagen«, der Wunsch nach dem »Nicht-Auffallen«, dem »Es-wie-die-Anderen-Machen«, usw. Aber man darf dennoch nicht die konträren Fälle vernachlässigen. Es gibt das, was man die Autorität des »Originellen« über das »Banale« nennen könnte; es gibt auch eine pejorative Nuance, die den Wörtern »die große Masse«, »die Menge«, »der Pöbel«, »der Durchschnittsmensch«, usw. anhaftet. Es gibt außerdem das universell verbreitete Phänomen, das man »Snobismus« nennt. Der »Snob« ist ein Mensch, der sich *vorstellt*, »originell«, »persönlich«, usw. zu sein, der aber in Wirklichkeit (nicht weniger als der Spießbürger) Knecht einer *Autorität* des »Was-werden-die-Leute-sagen« ist; dabei ist es lediglich so, dass er eben nur die Autorität derer anerkennt, die er für die »Elite« hält, in der stillen Annahme, dass letztere notwendigerweise die *Minderheit* darstellt. Man wäre also versucht zu sagen, dass es Fälle gibt (zum Beispiel den »Snobismus«), in denen die Minderheit eine Autorität *sui generis* ausübt, allein aufgrund der Tatsache, dass sie die Minderheit darstellt, und ebenso, dass es Fälle gibt (der

»*Prud'homme*« beispielsweise), in denen die Mehrheit Autorität in ihrer Eigenschaft als Mehrheit ausübt.

Sehen wir, ob es sich hierbei um Fälle von Autorität *sui generis* handelt, oder ob sie als Kombinationen unserer »reinen Typen« interpretiert werden können.

Nehmen wir zunächst den Fall der Mehrheit, wobei wir wohlgemerkt annehmen, dass ihre Autorität *einzig* aus dem Tatbestand herrührt, dass es sich um die *Mehrheit* handelt. Hier ist nun eigentlich – und per Definition – keine Autorität möglich. Denn angesichts der Tatsache, dass man nicht Autorität über sich selbst ausüben kann, ergibt es keinen Sinn, von einer Autorität der Mehrheit über sich selbst zu sprechen (das heißt über ihre Mitglieder, denn Mehrheit ist, per Definition, eine *Quantität*, das heißt die *Summe* ihrer Mitglieder). Was die Minderheit angeht, so beweist ihre Existenz selbst, dass sie die Autorität der Mehrheit nicht anerkennt, denn eine Minderheit zu bilden, bedeutet ja genau das: Sich der Mehrheit entgegenzusetzen, also (auf die eine oder andere Weise) ihren Handlungen »entgegenzuwirken«. Doch dort, wo es keine Autorität gibt, können die »Gegenreaktionen« nur durch *Gewalt* unterdrückt werden. Dort also, wo eine Mehrheit vermeintlich eine »Autorität« *sui generis* für sich beansprucht, die lediglich der Überzahl geschuldet ist, beansprucht sie in Wahrheit pure und einfache *Gewalt*. Man kann also das »majoritäre« Regime dem »autoritären« Regime gegenüberstellen, wobei sich Letzteres auf Autorität stützt, Ersteres auf Gewalt.

Anmerkung. In Anbetracht der Tatsache, dass – bei »qualitativer« Gleichheit – die Mehrheit notwendigerweise stärker ist als die Minderheit, verzichtet die Minderheit, die darum in der Regel weiß, bewusst auf jegliche »Gegenreaktion«, die von vornherein zum Scheitern verurteilt ist. Das ist der Grund, warum die Mehrheit im Allgemeinen keine Gewalt [force] *anwenden* oder Gewaltmittel [violence] gebrauchen muss. Dieser *bewusste* Verzicht auf eine »Gegenreaktion« erzeugt zugleich die *Illusion* einer »Autorität« *sui generis* der Mehrheit. Aber es handelt sich hier bloß um eine Illusion, denn dieser *bewusste* Verzicht kann nicht als *freiwillig* qualifiziert werden. Der Starke kann sich allgemein gesprochen fast immer durchsetzen, ohne seine Gewalt tatsächlich *anzuwenden,* allein die Androhung genügt, um einen Verzicht auf jeglichen Versuch der Reaktion hervorzurufen; aber ein solcher Verzicht auf »Gegenreaktion« hat nichts mit der Anerkennung von *Autorität* zu tun. Wenn ein Box-Champion mich auffordert ein Café zu verlassen, tue ich es, ohne »mich zu widersetzen« [réagir] aber bestimmt nicht, weil er in meinen Augen über Autorität verfügt.

Also gibt es keine *Autorität sui generis,* die einer Mehrheit allein aufgrund der Tatsache zukommt, dass es sich um eine Mehrheit handelt. Genauso verhält es sich mit der Minderheit. Gewiss, insofern die Minderheit notwendigerweise *schwächer* ist (in einem *physischen,* das heißt quantitativen Sinn) als die Mehrheit, kann ihre Macht nur von ihrer *Autorität* herstammen. (Minderheitsregime sind notwendigerweise »autoritär«). Aber diese Autorität rührt niemals von der Tatsache her, dass die Minderheit eine *Minderheit* ist. Die »Rechtfertigung« (die »Propaganda«) ist immer von der Art: »*Auch wenn* wir nur eine Minderheit sind, sind wir...«. Die Autorität, mit der eine Minderheit ausgestattet ist, »rechtfertigt« oder erklärt sich über die »Qualität« und nicht über die Quantität. (Sogar der »Snob« beansprucht es für sich, *Elite* zu sein und nicht *Minderheit*.) Das heißt, dass es keine Autorität *sui generis* der Minderheit gibt. Die Analyse konkreter Fälle zeigt, dass die Minderheit für sich immer Autorität entweder des Vaters, des Anführers, des Herrn oder des Richters (oder ihrer »Kombinationen«) beansprucht.

Kurz gesagt, die Tatsache Mehrheit oder Minderheit zu sein, kann niemals von sich aus Autorität erzeugen; die Autorität der Mehrheit oder der Minderheit ist entweder illusorisch (schlichte Gewalt), oder sie gehört zu einem der weiter oben erwähnten Typen oder ihrer »Kombinationen« (wobei diese Autorität übrigens genauso gut einer Minderheit wie einer Mehrheit zukommen kann).

Allerdings hat die Theorie des »Gesellschaftsvertrags« nicht notwendigerweise den Charakter einer »Mehrheits«-Theorie. Man kann sogar sagen: Jene Variante, die fälschlicherweise die Existenz einer Autorität *sui generis* der *Mehrheit* über die *Minderheit* annimmt, ist nur eine Deformation der ursprünglichen Theorie (vgl. Rousseau), die (mehr oder weniger bewusst) die Existenz einer Autorität *sui generis* des *Ganzen* über die *Teile* annimmt. (So drückt sich für Rousseau die Autorität des Ganzen – oder die »volonté générale« – nicht notwendigerweise in der Mehrheit aus; in gewissen Fällen kann sie sogar der Summe *aller* Partikularinteressen entgegengesetzt sein. Vgl. »Der Gesellschaftsvertrag«.)

Der Tatbestand der »volonté générale« (die allen *partikularen* Interessen und ihrer Summe entgegengesetzt ist, und zwar unabhängig von der Frage der *Zahlenverhältnisse*) ist unbestreitbar. Dieser Tatbestand besteht schon seit je her, und Rousseau kommt nur der (enorme) Verdienst zu, ihn ans Licht gebracht zu haben.

Diese »volonté générale« Rousseaus (die wir die Autorität des Ganzen über die Teile nennen können) ist das, was man zuvor »Staatsräson« etc. genannt hat. Sie ist es, an die eine pagane Regierung sich wandte, die ein Orakel um Rat aufsucht. Sie ist es auch, auf die sich Kirche und Papst im Mittelalter beriefen, wenn sie sie den »volontés particulières«, den Einzelinteressen der Feudalherren und der Könige entgegensetzten. (Der Konflikt zwischen der spirituellen und der säkularen Macht nahm ihren Anfang, als ein König vorgab – neben seinem Privatinteresse als König – diese »volonté générale« zu repräsentieren, und sich zum »Kaiser« erklärte.) Lediglich in dem Moment, da die »volonté générale« ihren *göttlichen* (um nicht zu sagen den »ideologischen«, vom »spirituellen« Anführer interpretierten) Charakter verlor, kam man auf jene Idee, nach der die »volonté générale« sich im Willen der *Mehrheit* ausdrücke. (Man hat diese irrige Idee aufgegeben, sobald man eine andere »Stütze« der »volonté générale« finden konnte, oder zu finden glaubte: nämlich das »Proletariat« bei Lenin-Stalin, der *»Impero«* bei Mussolini, das *Volk** bei Hitler, usw.)

Der *Tatbestand* [der »volonté générale«; A.d.Ü.] ist also unbezweifelbar. Die einzige Frage, die sich stellt, ist, ob es sich hier um eine Autorität *sui generis* handelt oder eher um eine Kombination aus irgendwelchen unserer »reinen« Autoritätstypen. Nun scheint die phänomenologische Analyse zu zeigen, dass dies wohl der Fall ist (*N.B.*: Die Frage müsste näher untersucht werden).

Schon der Begriff der »volonté générale« selbst (sowie die Tatsache, dass sie in der Regel die Tendenz hat, die Form einer *göttlichen* Autorität anzunehmen) zeigt, dass sie sowohl eine *totale* (und nicht *selektive*) als auch eine *absolute* (und nicht *relative*) Autorität beansprucht. Anders gesagt muss sie *alle* Formen der Autorität einbinden. Sehen wir also, ob sie noch etwas *anderes* als eine Kombination unserer vier »reinen« Typen ist, und ob sie sie alle impliziert.

Offensichtlich muss man damit beginnen, das Element der Autorität des Herrn zu suchen. Angesichts der Tatsache, dass das Ganze, insoweit es von der Summe seiner Teile *unterschieden* wird, keine *physische* (materielle) Realität ist, stellt sich ihm die Frage, im Kampf um Leben und Tod sein Leben zu riskieren erst gar nicht. Die Autorität des Ganzen über die Teile kann also niemals diejenige des Herrn über seine Knechte sein. (Diese »Idealität« oder »Irrealität« des Ganzen bewirkt auch, dass die »volonté générale«, insofern sie nichts als reine Autorität ist, nichts mit *Gewalt* zu tun hat.)

Aber was ist das Verhältnis des Ganzen zu den Teilen im Allgemeinen? Ein *mechanisches* Ganzes ist nichts anderes als die Summe seiner Teile; und weit davon entfernt, Letztere zu determinieren, ist es selbst doch gänzlich von ihnen determiniert. Nur im lebenden *Organismus* kann man das Ganze den Teilen gegenüberstellen und sagen, dass die Teile sich dem Ganzen in einem gewissen Maße »unterwerfen« und durch dieses Ganze als solches determiniert sind (vgl. den Begriff der Entelechie bei Aristoteles, der in der Tat seinen ganzen Wert nicht in physikalischen, chemischen o. ä. Argumenten, sondern in *spezifisch* biologischen bewahrt hat). Man kann also nicht von einer Autorität des Ganzen über die Teile reden, außer insoweit, wie eine Gesellschaft (oder der Staat) in Analogie zu einem *Organismus* aufgefasst wird. Diese Analogie also muss die phänomenologische Analyse der Autorität, die man der »volonté générale« zuspricht, leiten.

Nun wurde die (biologische) Idee des Ganzen dazu erkoren, über zwei Dinge Rechenschaft zu geben: 1) über die *Vererbung*, das heißt über die *Permanenz* der Struktur des Organismus (»die Henne kommt vor dem Ei«), und 2) über die *Harmonie* der diversen Elemente dieses Organismus. Hingegen wird eine »revolutionäre« Modifikation des Organismus (»Mutation«) für die gesamte Spezies von der Kausalität (Finalität) des Ganzen ausgeschlossen: falls die Spezies (das Ganze) sich verändert, dann infolge der Veränderung eines (oder mehrerer) Teile. Man kann also sagen, dass das Ganze die Teile dort determiniert, wo es *Harmonie* und *Permanenz* gibt, aber bei jeder (»essenziellen«) Veränderung gibt es eine Determination des Ganzen durch die Teile.

Indem man dies in die »Sprache der Autorität« übersetzt, kann man sagen, dass die Autorität der »volonté générale« eine Kombination der Autorität des Vaters un des Richters ist, aber niemals den Charakter einer Aut tät des Anführers annimmt. Tatsächlich nämlich m sich der Anführer aufgrund eines *Projektes*, das schlägt, selbst zum Anführer, das heißt im Zu (mehr oder weniger radikalen und übrigens lediglich *geplanten*) *Veränderung* der gegebenen Realität. Also kann nur ein »partikularer« Wille (der Teil) die Autorität des Anführers annehmen. (Selbst bei Rousseau entstehen *Reformen* und *Innovationen* durch den »Gesetzgeber«, der klarerweise den Charakter eines »Individuums« hat. Wobei im Prinzip nichts dagegen spricht, dass es sich um ein *kollektives* Individuum handelt; egal ob minoritär oder auch majoritär. Mit Sicherheit aber ist es nicht ein »Ganzes«, das den »Teilen« entgegentritt: sondern ein »Teil«, das dem Ganzen entgegentritt.) Die Autorität des Vaters drückt den erblichen Aspekt, die »dauerhafte« Seite der Kausalität des Ganzen hingegen sehr gut aus. Man kann also sagen, dass die Autorität der »volonté générale« vom Typ des »Vaters« ist: Es handelt sich um die Autorität der (»Final«-) »Ursache«, das heißt auch der »Tradition«, beziehungsweise von allem, was dazu beiträgt, die *Identität* mit sich selbst zu bewahren. Aber angesichts der Tatsache, dass es sich hier um ein Ganzes handelt, also um *mehrere* Teile, ist die in Frage stehende Identität keine *Einheit*, sondern hat eine interne, komplexe *Struktur*. Anders gesagt: Es ist *diese* Identität, die die *Harmonie* der Teile vorzeichnet. Nun kann in der menschlichen (sozialen oder politischen) Welt diese Harmonie nichts anderes sein als die Gerechtigkeit. Die Autorität der »volonté générale« ist also eine Autorität des Vaters, die um diejenige es Richters verdoppelt ist, wobei erstere die »grundlegende« (oder »vorrangige«) Autorität ist. (In unserer Liste verwirklicht diese Autorität also den Typ VR.) Zum anderen zeigt diese ganze Analyse, dass die »volonté générale« von keiner anderen Autorität *sui generis* profitiert als von derjenigen des Vaters und des Richters.

Wenn wir nun von der Autorität des Ganzen über die Teile zu derjenigen der Mehrheit übergehen, sehen wir, dass das Element der Autorität des Richters notwendigerweise verschwindet. Die Tatsache des Vorhandenseins einer Minderheit selbst beweist, dass die Teile des Ganzen nicht in Harmonie sind, und das bedeutet, dass dieses Ganze nicht mehr von der »Gerechtigkeit« beherrscht wird. Die Mehrheit kann sich also nicht im selben Maße auf die Autorität des Richters berufen, wie sie sich auf ihre Mehrheit beruft, selbst in ihrem Verhältnis zur Minderheit.

Wenn sie sich keine andere Autorität zunutze machen kann, muss sie schiere *Gewalt* einsetzen. Wenn es scheint, dass sie eine *Autorität* in ihrer Eigenschaft als *Mehrheit* hat, so hat sie sie in Wahrheit nur in ihrer Eigenschaft als Repräsentantin der Autorität des Ganzen (das heißt der »volonté générale«). Als *Mehrheit* aber (die per Definition nicht *alle* Bürger umfasst), kann sie nicht das Element des »Richters« repräsentieren. Also kann sie nur die Autorität des Vaters für sich beanspruchen. Anders gesagt: Entweder gibt es überhaupt keine Autorität der Mehrheit, oder es handelt sich um einen Fall der Autorität des Vaters. Jedenfalls kommt hier keine Autorität *sui generis* vor.

Diese Analyse bestätigt sich in der Erfahrung. In dem Maße, da die Mehrheit Autorität innehat (die sie allein aus ihrer Zahl bezieht), tritt sie als Hüterin der Tradition usw. auf. Ihre Autorität ist die eines »Senats«, »Zensors« etc. Es handelt sich dabei dann eben um die Autorität des »Was-würden-die-Leute-sagen«. Des Weiteren mokieren sich alle diejenigen, die freiwillig und bewusst *neue* Dinge vorschlagen, über die Mehrheit. Gleichermaßen verliert diese Mehrheit in »revolutionären« Zeiten, wenn die Gesellschaft sich im *Wandel* weiß und auch im Wandel sein möchte, alles Ansehen.

Gehen wir nun zum Problem der *Übertragung von Autorität* über.

Diese Übertragung funktioniert entweder durch *Vererbung*, durch *Wahl* oder durch *Ernennung*. Betrachten wir zunächst die Übertragung durch *Erbschaft*.

Bei jeder Übertragung von Autorität nimmt man (mehr oder weniger bewusst) an, dass die Autorität nicht an eine festgelegte *Person* gebunden ist (daher rührt, nebenbei bemerkt, die Möglichkeit eines *kollektiven* Autoritätsbesitzes). Insofern die Autorität dieselbe bleibt (die Personen, die sie repräsentieren, verkörpern und verwirklichen sie, dienen ihr als materieller Träger usw.), kann sie durch eine andere ersetzt werden. Das heißt, dass die Autorität nicht durch das *Sein* dessen hervorgebracht wird, der sie innehat, sondern durch seine *Akte* (oder seine »Qualitäten«, das heißt nicht durch die »Substanz«, sondern durch die »Attribute«): Wenn eine andere Person (oder mehrere) dieselben Akte ausführt, kommt sie in den Genuss *derselben* Autorität. Die Autorität kann also mit sich identisch bleiben, und dabei dennoch von einer (individuellen oder kollektiven) Person auf eine andere übergehen; unter der Bedingung, dass sie alle diejenigen Akte reproduziert, die diese Autorität hervorgebracht haben.

Nun ist die Übertragung durch Vererbung (mehr oder weniger bewusst) auf der Theorie gegründet, der zufolge die Akte, oder genauer gesagt, die »Tüchtigkeit« oder *Möglichkeit,* sie auszuführen, sich vom Vater auf den Sohn übertragen. Daher stammt auch die Idee, dass der Sohn (oder allgemein gesagt eine verwandte Person) die Autorität des Vaters *erbt.* Allerdings basiert diese Theorie der Autoritätsübertragung auf einer sehr »primitiven«, um nicht zu sagen »magischen« Auffassung. Die »Tüchtigkeit« (= *Möglichkeit* des Aktes) wird als eine Art semi-materielle Substanz (das »Mana«) aufgefasst, die sich (mehr oder weniger vollständig) bei allen Mitgliedern einer Familie wiederfindet, und die sich am vollständigsten vom Vater auf den Sohn überträgt (nicht aber auf die Tochter); sie vermindert sich nach und nach (der Jüngere empfängt davon weniger als der Erstgeborene, usw.). (Spätere Varianten: Wenn die Autorität göttlichen Ursprungs ist, überträgt sich die Göttlichkeit vorzugsweise auf den ältesten Sohn.) In dem Maße, da diese »materialistische« Auffassung der Autorität heftigen Attacken ausgesetzt war (und in der Tat spricht ja nichts dafür, dass die »Tüchtigkeit«, die Autorität hervorbringt und erhält, vererbbar sei), verlor die Übertragung durch Vererbung ihr Ansehen. Heutzutage kann man sie als fast nicht-existent betrachten. In längst vergangenen Epochen findet man Beispiele dieser Art von Übertragung für alle Typen der Autorität (sogar für die des Richters). Aktuell jedoch scheint man sie vollständig verwerfen zu wollen.

Tatsache ist, dass diese Art der Übertragung der Autorität auf einer irrigen Theorie beruht und dass sie also dazu verurteilt ist, früher oder später zu verschwinden. Von allen Autoritätstypen aber ist es abermals die des Vaters, die sich aufgrund ihrer Natur selbst dafür am besten hergibt, insofern diese Autorität nichts anderes ist als die Autorität der *Tradition*.

Anmerkung. Die Autorität des »konstitutionellen« Monarchen lässt sich im Wesentlichen auf diejenige des Vaters reduzieren; das ist der Grund, warum sich in ihrem Fall die erbliche Übertragung bis in unsere Tage erhalten konnte, ohne zu sehr die »öffentliche Meinung« zu schockieren. Aber der Versuch, einem Staatsoberhaupt die Autorität des Anführers, der Richters und mithin auch die des Herrn zu verleihen, während man das Prinzip der Übertragung seiner Autorität über den Erbweg aufrechterhält, scheint unmöglich. Dasselbe gilt für den Erb-»Senat«, zum Beispiel im House of Lords.

Bleiben also die zwei anderen Arten der Übertragung: *Wahl* und *Ernennung*.

Auf den ersten Blick scheinen diese Begriffe synonym zu sein. Man ist gewohnt zu sagen: In Athen wurden die Magistrate von der Volksversammlung *gewählt*; der Großkönig *ernannte* die Satrapen. Aber man könnte genauso gut sagen, dass die Mehrheit die Kandidaten *ernennt* (insofern sie sie bestimmt, ohne sich mit irgendjemandem zu beratschlagen, und ohne dass ihr Wille von wem auch immer begrenzt würde) und dass der Diktator seine Kollaborateure *wählt* (da er diejenigen *auswählt*, von denen er glaubt, sie seien die Besten). Jedenfalls stellt es keinen wesentlichen Unterschied dar, ob es sich um einen allein oder um viele dreht, beziehungsweise ob es eine Abstimmung gibt oder nicht (das römische Triumvirat konnte es unter sich ausmachen, eine Kandidatur zur Abstimmung zu bringen, aber es handelte sich nichtsdestoweniger um eine *Ernennung*, nicht um eine Wahl). Und doch hat man, wenn man von »Wahl« und »Ernennung« spricht, sehr wohl das Gefühl, sich zweier unterschiedlicher politischer Kategorien zu bedienen. Nun gibt es in der Tat einen *wesentlichen* Unterschied, und man kann ihn aufzeigen, indem man diese Begriffe auf folgende Weise definiert: Um eine Autoritätsübertragung per *Ernennung* handelt es sich, sofern der Kandidat für die Autorität von demjenigen (oder denjenigen) bestimmt wird, der seinerseits *Autorität* innehat, und zwar eine Autorität *desselben Typs* (zum Beispiel ein Anführer, der von einem Anführer ernannt wird); um eine Übertragung durch *Wahl* handelt es sich, insofern der Kandidat von denjenigen (oder demjenigen) bestimmt wird, der entweder *keine* Autorität oder eine Autorität eines *anderen Typs* hat (zum Beispiel ein Richter, der von einem Anführer ernannt wird). Im zweiten Fall kommt es nämlich wirklich zu einer Wahl, das heißt *Auswahl* (des Besten), da der Kandidat seine Autorität nicht von demjenigen beziehen kann, der ihn gewählt hat, insofern jener gar nicht darüber verfügt; er sie also niemandem außer sich selbst verdankt. (Die Wahl *offenbart* nur seinen »Wert«, oder genauer gesagt: seine Autorität). Im ersten Fall hingegen kann der Kandidat prinzipiell irgendjemand beliebiges sein, insofern er seine Autorität von demjenigen bezieht, der ihn ausgewählt hat (und der seine »Tüchtigkeit« auf ihn übertragen kann, zum Beispiel in Form von Direktiven, Ratschlägen, Erziehung, usw.).

Anmerkung 1. Strenggenommen unterscheidet sich eine Wahl nicht wesentlich von einem Losverfahren. Gewiss, derjenige, der die Wahl trifft – individuell oder kollektiv – *glaubt*, die Besten auszusuchen. Aber wenn er keine Autorität hat, hat *seine* Auswahl keinen Wert für die anderen; und es ist von ihrem Gesichtspunkt aus so, als ob man den Kandidaten per Los gezogen hätte; sofern nicht derjenige, der die Auswahl trifft, »negative Autorität« hat, wäre es besser, man zöge die Richter per Los, als sie von Ganoven wählen zu lassen. Genauso verhält es sich für einen Wähler, der eine Autorität anderen Typs besitzt als diejenige, die es zu übertragen gilt: Er ist in *diesem* Fall inkompetent. Daher unterscheidet sich die *allgemeine* direkte Wahl – und das Plebiszit – nicht vom Losverfahren. Zudem haben wir gesehen, dass in den antiken »Demokratien« die Stimmwahl häufig mit der Loswahl Hand in Hand ging. In einer parlamentarischen Staatsform hat das Parlament die Autorität des Königs geerbt: Es *ernennt* daher diejenigen, die es aufstellt. Man muss also nur wissen, welcher Natur die Autorität des Parlamentes ist. Wenn die Mitglieder in einer direkten, allgemeinen Abstimmung gewählt werden, bedeutet das, dass sie per Los gezogen werden: Damit hat die Autorität des Königs aufgehört, durch Vererbung übertragen zu werden, um nun durch Losverfahren übertragen zu werden. Das wirft die Frage auf, welche Elemente dieser Autorität diesen Wandel der Übertragungsart überleben konnten. Generell gesagt bleibt nur die Autorität des Anführers übrig; die anderen drei Typen verschwinden.

Anmerkung 2. Im Fall der Ernennung kann der Ernennende *einen Teil* seiner Autorität auf den Ernannten übertragen, ohne dass seine eigene sich vermindert: Man kann sagen, dass der

Ernannte Teil seines eigenen Körpers wird und beide zusammen als »Träger« der Autorität dienen, die dieselbe bleibt. Der Verlust von Autorität durch den Ernannten ist also wie ein Verlust von Autorität durch den Ernennenden anzusehen: Irgendeinen Fehler zu begehen oder jemanden zu ernennen, der ihn dann begeht, ist mehr oder weniger dasselbe; einen anderen anstelle desjenigen zu ernennen, der den Fehler begangen hat, bedeutet: *sich selbst* zu verbessern. Der Ernennende kann jedoch auch seine *ganze* Autorität auf den Ernannten übertragen: jemanden zum Nachfolger ernennen.

Anmerkung 3. Wenn die Übertragung durch Vererbung eine irrige Theorie voraussetzt, dann ist die Übertragung durch Wahl, das heißt durch Losverfahren, augenscheinlich ebenfalls nicht besonders befriedigend (außer man bringt göttliche Autorität zum Einsatz, womit das Los oder die Wahl einfach die *Ernennung* durch Gott offenbart). Damit bleibt als einzig akzeptable Art der Übertragung die Ernennung. Allerdings ist klar, dass die spontane Genese der Autorität aller Übertragung stets vorzuziehen ist: Am besten ist es, die Autorität desjenigen Kandidaten anzuerkennen, der sich selbst durchsetzt, wenn es darum geht, den Repräsentanten einer Autorität durch einen anderen zu ersetzen. Erinnern wir uns, dass die sogenannten Wahlen im Allgemeinen nur äußere Manifestationen einer solchen spontanen Genese sind. Die Hauptsache ist es, das Wahlsystem so zu organisieren, dass es diese Genesen nicht verhindert.

Von ihrem Wesen her setzt Autorität eine *spontane* Genese voraus. Eine Übertragung der Autorität, welcher Art auch immer, vermindert sie stets zu einem gewissen

Grad. Betrachtet man aber die vier reinen Typen getrennt voneinander, wird man sehen, dass es die Autorität des Richters ist, die sich am wenigstens für eine Übertragung eignet. Um echte Richter-Autorität zu besitzen, müsste ihrem Repräsentanten stets eine spontane Autorität zukommen, die in seiner persönlichen »Gerechtigkeit« (»Fairness«, »Redlichkeit«) gegründet ist.

Anmerkung. Juroren per Los zu ziehen, ist eine Art spontane Genese der Autorität des Richters: Als zufällig Ausgewählte gelten die Juroren als unparteiisch, das heißt, sie sollen jene »Tugend« der Gerechtigkeit verwirklichen, die der Autorität des Richters zugrunde liegt. Zudem gilt ihre Autorität nur für denjenigen Fall, für den sie gewählt worden sind, das heißt für den sie »gerecht« sein sollen.

Was die übertragene Autorität des Vaters angeht, so haben wir gesehen, dass sie sich am besten für die erbliche Übertragung eignet. (Gefolgt von Ernennung, das heißt Designation durch einen Träger gleicher väterlicher Autorität, und Wahl, das heißt Losverfahren, an letzter Stelle.) Die Autorität des Herrn scheint sich, sofern sie übertragen werden kann, am besten für die Wahl (das heißt das Losverfahren) zu eignen, wenn man in Betracht zieht, dass bei der spontanen Genese der Sieger-Autorität das Schicksal bereits eine gewisse Rolle spielt.

Anmerkung. Hier liegt vielleicht der Grund, warum »Tyrannen« die Tendenz haben, ihre Autorität durch Plebiszite bestätigen zu lassen.

Vererbung als Modus der Übertragung widerspricht diesem Typ der Autorität (die auf persönlichem »Risiko« gründet) hingegen völlig, und die *vererbbare* Herrschaft ist immer auf Gewalt gegründet gewesen und nicht auf Autorität. Schließlich eignet sich die Autorität des Anführers, insofern sie übertragen werden muss, am besten für die Ernennung (verstanden als Ernennung durch denjenigen, der die Autorität des Anführers innehat): Angesichts der Tatsache, dass der Anführer die Zukunft voraussehen soll (dass ihm seine Projekte gelingen sollen), müsste er eigentlich im Vorhinein das Verhalten desjenigen erkennen, den er ernennt, so dass die Ernennung durch einen anerkannten Anführer im Prinzip auch eine andere Autorität als die des Anführers übertragen kann. Anders gesagt, insoweit es keine spontane Genese der Autorität gibt, neigt eine bestehende Autorität dazu, mit dem Mittel der *Ernennung* durch einen Anführer übertragen zu werden.

Aber alle diese Fragen müssten näher untersucht werden.

Allgemeine Anmerkung. Alle vier Typen (und ihre »Kombinationen«) können sich in verschiedenen Domänen realisieren: politisch, religiös, etc. (Es handelt sich um eine *religiöse* »Domäne«, wenn es einen (vermeintlichen) Bezug zu einem Jenseits gibt; um eine politische »Domäne«, wenn es einen Staat gibt (siehe den Abriss zum Staat)[5], etc. Es bleibt zu prüfen, ob alle diese Typen (und »Kombinationen«) sich in allen »Domänen« realisieren können.

---

5 Vgl. Kojève, *Esquisse*, a.a.O., S. 20ff. S. 392f.; sowie: ders., »Tyrannie et sagesse«, in: Leo Strauss, *De la tyrannie*, Paris, 1954, S. 215ff.

II Metaphysische Analyse

Gehen wir nun zur metaphysischen Analyse des Autoritätsphänomens über, die hier nur sehr summarisch ausfallen kann.

Es besteht keinerlei Zweifel, dass die Autorität ein wesentlich *menschliches* (nicht natürliches) Phänomen ist – das heißt (ohne, dass wir es hier zeigen könnten) ein *soziales* und *geschichtliches*: Autorität setzt eine Gesellschaft voraus (oder einen Staat im starken Sinn,[6] das heißt etwas anderes als eine *Herde* von Tieren, bei der es keine *Möglichkeit* der »Gegenreaktion« gibt), und Gesellschaft setzt Geschichte voraus (und impliziert diese, nicht nur eine biologische, natürliche *Evolution*).

Anders gesagt, Autorität kann sich nur in einer *temporal* strukturierten Welt »manifestieren« (zum Phänomen werden). Das *metaphysische* Fundament der Autorität ist also eine »Modifikation« der Entität »Zeit« (verstanden als »menschliche« oder »geschichtliche« Zeit im Rhythmus: Zukunft, Vergangenheit, Gegenwart, im Gegensatz zur »natürlichen« Zeit mit dem Primat der Gegenwart – im »physikalischen« Bereich – beziehungsweise der Vergangenheit – im »biologischen« Bereich). Sofern es aber ein Primat der *Zukunft* gibt, gibt es auch (wie wir sehen werden) ein Primat der Autorität des *Anführers*: Die Autorität *par excellence* ist diejenige des »revolutionären« Anführers (sei er politisch, religiös, etc.), der ein *universelles*

---

6 [Anm. A.K.] Der Staat (= »die Gesellschaft«) kann politisch, religiös (im vermeintlichen Bezug auf ein Jenseits), etc. sein. Der *religiöse* Staat nennt sich »Kirche«. Wir reden hier nur vom politischen Staat.

»Projekt« verfolgt (Stalin). In der Ewigkeit als solcher gibt es keine Autorität. Falls aber ein Autoritätstyp metaphysisch in der Ewigkeit gegründet ist, dann »manifestiert« sich, wie wir sehen werden, die Ewigkeit nur in ihrem Verhältnis zur *Zeit* als Form der Autorität.

Nun gibt es keinerlei Zweifel, dass die Zeit als solche den Status von Autorität erlangt. Merkwürdiger und auf den ersten Blick paradoxer Weise tut sie dies in *allen* ihren drei Modi.

Zunächst die *Vergangenheit*: Eine Vergangenheit ist immer »ehrwürdig«; hieran zu rühren, ist ein »Sakrileg«; sie zu vernachlässigen, ist »unmenschlich«. Stets – und hauptsächlich in der heidnischen Antike – wurde die Autorität einer Institution durch ihr langes Bestehen »gerechtfertigt« (erklärt). Ebenso war die Altehrwürdigkeit einer Familie oder eines Staats nicht nur ein Ehrentitel, sondern auch eine sehr reale Grundlage von Autorität.

Aber es gibt andererseits eine genauso unbezweifelbare Autorität der *Zukunft*. »Der Mensch der Zukunft« hat Autorität allein deswegen, weil er noch »alles vor sich« hat. Es ist die von ihnen verkörperte Zukunft, aus der die »Jungen« ihre Autorität beziehen, die gelegentlich beträchtlich sein kann. Man erkennt die Autorität des »Mannes von morgen« bereitwillig an. Und man kann kommende Jahrtausende für sich genauso gut reklamieren (siehe Hitler) wie vergangene (siehe Mussolini).

Schließlich hat die Gegenwart ihrerseits eine Autorität in ihrer Eigenschaft als Gegenwart. Man möchte *up to date* und nicht »seiner Zeit hinterher« sein. Die enorme – und »tyrannische« – Autorität der »Mode« ist eine Autorität der

Gegenwart, des »Aktuellen«. Die Autorität des »Mannes von heute« beruht auf der Tatsache, dass er *par excellence* die Aktualität repräsentiert, die Gegenwart, die »reelle Gegenwärtigkeit« von etwas in der Welt (Gegenwart* im Sinne Hegels), im Gegensatz zur »poetischen« Irrealität der Vergangenheit und zur »utopischen« Irrealität der Zukunft.

Andererseits steht diesen »temporalen« Autoritäten die Autorität der *Ewigkeit* gegenüber. Man beruft sich oft auf »ewige Prinzipien«, deren Autorität auf der Tatsache beruht, dass sie jenseits der drei Modi der Zeit liegen. Es ist die Ewigkeit, aus der die Stellvertreter Gottes auf Erden ihre Autorität beziehen. Aber es ist klar, dass wenn die Ewigkeit *Autorität* hat, sie diese einzig und allein *im Gegensatz* zum »Zeitlichen« hat, das heißt *im Verhältnis* zu ihm. Die Ewigkeit (wir behaupten dies ohne Beweis) ist nur die *Negation* der Zeit, das heißt eine *Funktion* derselben. Und die Autorität der Ewigkeit behauptet sich als Autorität, indem sie sich (negativ) auf die Autorität der Gegenwart, der Vergangenheit oder der Zukunft bezieht.

Es gibt also eine Autorität der Ewigkeit, wie es eine Autorität der Zeit in ihren drei Modi gibt. Die entscheidende Frage ist nun, ob es sich hierbei um eine Autorität *sui generis* handelt oder um eine direkte »Manifestation« der metaphysischen Grundlagen der vier »reinen« Autoritätstypen, die wir weiter oben untersucht haben.

Ein Indiz legt uns diese zweite Hypothese nahe: Wir haben *vier* reine Autoritätstypen unterschieden; die Autorität, die wir nun betrachten, teilt sich ebenso notwendigerweise in vier Typen: die Autorität der Ewigkeit und diejenigen des Zeitlichen, nämlich die Autorität der Gegenwart, Vergangenheit und Zukunft. Es ist also nur natürlich anzunehmen, dass es sich hier um zwei komplementäre Aspekte ein und derselben Autorität handelt, die die gleiche vierfältige Struktur aufweist.

Hierbei handelt es sich gewiss nur um ein Indiz. Aber ein anderes mag es bestätigen. Wenn wir unsere vier »reinen« Typen betrachten, sehen wir, dass sie sich auf natürliche Weise in zwei Gruppen aufteilen: Die Autorität des Richters steht der Autorität des Vaters, des Anführers und des Herrn gegenüber, die einen Block bilden. Dieser Umstand legt uns die Überlegung nahe, die Autorität des Richters mit derjenigen der Ewigkeit engzuführen, die den drei *zeitlichen* Autoritäten gegenübersteht, die wir also mit den drei anderen »reinen« Autoritätstypen engführen können.

Die Analyse bestätigt diese Annahme. *Zum einen* eignet sich, wie wir gesehen haben, die Autorität des Richters sozusagen nicht für eine Übertragung, welche auch immer es sei, während die drei anderen sich einigermaßen übertragen lassen, vor allem auf dem *Erbweg*. (Wenn man auch oft beobachten kann, dass Söhne die Autorität des Vaters, Herrn oder Anführers erben, einzig und allein, weil sie Söhne derjenigen sind, die diese Autoritäten innehatten, so kann man sozusagen nie feststellen, dass irgendjemand über schlichte Abstammung die Autorität des Richters von einem Richter ererbt.) Man wird also sagen können, dass die Autorität des Richters sich jeglicher »Nachfolge«, das heißt jeder »Verzeitlichung«, widersetzt, da sie gewissermaßen außerhalb der Zeit steht. Sie soll eigentlich *immer* existieren, und wenn das nicht möglich ist, verschwindet sie vollständig (um spontan von Neuem wiedergeboren zu werden), anstatt (ohne Auflösung der Kontinuität) auf irgendetwas Nachfolgendes »überzugehen«. Im Gegensatz dazu scheinen die drei anderen Autoritäten in der Zeit »anzudauern«, und in ihrer »Übertragung« kommt nur ihr zeitliches Wesen zum Ausdruck. *Zum anderen* wendet sich die Autorität des Richters auf gewisse Weise gegen die drei anderen, die in dieser Gegenüberstellung immer noch einen Block bilden. Tatsächlich kann ja der Richter prinzipiell über den Vater, den Herrn und den Anführer »richten«, aber die Natur der Autorität des Richters ist solcherart, dass sie theoretisch von den Handlungen, die aus der Autorität der drei anderen Typen hervorgehen, abgezogen werden müsste. *Zuletzt schließlich* hat der Richter, auf dieselbe Weise, wie die Ewigkeit nur in und durch ihr Verhältnis zur Zeit einen »autoritären« Charakter hat, nur wirkliche Autorität, insofern er sich (gegebenenfalls) gegen die drei anderen Autoritäten stellt. (Wenn die Väter, Anführer und Herren *per definitionem* oder »wesensmäßig« »gerecht« wären, gäbe es keine davon *unterscheidbare* Autorität des Richters; und wenn der Richter nicht seine »Gerechtigkeit« dem Willen der Väter, Anführer und Herren entgegenstellen könnte, hätte er gar keine »Autorität«.)

Das alles lässt also vermuten, dass die Autorität des Richters nichts anderes ist als eine »Variante« der Autorität des ewigen Gottes, das heißt der »autoritären Manifestation« der Ewigkeit in ihrem Verhältnis zur Zeit. Eine direkte Analyse (die wir an dieser Stelle nur skizzieren können), bestätigt diese Annahme.

Autorität im eigentlichen Sinne hat der ewige Gott nur in Beziehung zu den menschlichen *Handlungen*, insofern er einige unter ihnen aufhebt, nämlich jene, die den Charakter von »Handlungen« [réactions] gegen das *aktive* Eingreifen des Elements der Ewigkeit haben. Es ist also nicht die Ewigkeit als solche, sondern *Handlungen* mit *Ewigkeitscharakter*, die Autorität haben. Nun ist eine Handlung »ewig« entweder, wenn sie »außerhalb« der Zeit steht (also unabhängig von den Bedingungen ist, die von der Vergangenheit, Gegenwart oder Zukunft geschaffen werden), oder wenn sie »zu jeder Zeit« besteht (also in der Gegenwart, der Vergangenheit und der Zukunft). Aber genau das charakterisiert die »gerechte « Handlung: Sie ist außerhalb der Zeit, weil diese Handlung (das »gerechte« Urteil, zum Beispiel) weder eine Funktion der »Tagesinteressen« noch der »Voreingenommenheiten«, die die Vergangenheit diktiert, noch schließlich der in der Zukunft verankerten »Wünsche« ist; und sie besteht »zu jeder Zeit«, insofern sie als gerechte »ewig« gerecht bleibt und auf unbestimmte Zeit (als »Urteil«) genauso die Gegenwart, Vergangenheit, und Zukunft gleichermaßen betreffen kann. Und wenn die Ewigkeit, da sie die Negation der *bestimmten Modi* der Zeit ist, als deren *Totalität* oder Zusammenschluss aufgefasst werden kann, kann die Autorität des Richters (die »Gerechtigkeit«) auch als ein »Zusammenschluss« der drei anderen interpretiert werden; jene können keine harmonische, um nicht zu sagen stabile oder »ewige« Einheit bilden, außer unter der Bedingung, dass sie sich als Block der Autorität des Richters oder der »Gerechtigkeit« unterordnen.

Wenn man also sagen kann, dass die Ewigkeit sich in Form einer »*Autorität*« nur insofern »manifestiert«, als dass sie sich in der Welt als Gerechtigkeit realisiert, findet auch die Autorität des Richters ihrerseits kein metaphysisches Fundament außer in der »Durchdringung« der Zeit durch die Ewigkeit, wobei diese »Durchdringung« gleichermaßen die »Dauer« und die »Einheit« der Zeit bewirkt. Die Ewigkeit in ihrer Beziehung zur Zeit ist also wohl die metaphysische Grundlage der Autorität des Richters.

Was die drei anderen »reinen« Autoritätstypen angeht, so haben sie als metaphysische Grundlage die (»menschliche«) Zeit. In der Tat besteht für den »temporalen« Charakter dieser Autoritäten nicht der Hauch eines Zweifels. Bleibt nur noch zu verstehen, wie sie sich auf die drei Modi der Zeit verteilen.

Wir haben gesehen, dass die Autorität des Vaters sich am besten zur Übertragung durch Vererbung eignet, während die Autorität des Anführers und des Herren Übertragungen durch Ernennung beziehungsweise durch Wahl (oder sogar durch Losverfahren) hervorrufen. Nun ist es klar, dass die Vererbung sich unter der Herrschaft der Idee der Vergangenheit vollzieht. Die Ernennung scheint hingegen an die Zukunft zu appellieren (an das zukünftige Verhalten des Ernannten). Was die Wahl (das Los) angeht, so ist es der schlichte *Fakt* der Wahl (der Losziehung), der zählt, das heißt ein Akt, der wesentlich der Gegenwart angehört. Das lässt uns annehmen, dass, wenn die Autorität des Vaters eine »Manifestation« der Vergangenheit ist, die des Anführers und die des Herren die Zukunft respektive die Vergangenheit[7] »manifestieren«.

Die direkte Analyse (die hier nur skizziert wird) bestätigt diese Annahme.

Nehmen wir zunächst die Vergangenheit. Es ist nicht die Vergangenheit also solche, die *Autorität* hat: Die Natur ist älter als der Mensch, das Alter eines Steins kann ausgesprochen »ehrwürdig« sein; es handelt sich nichtsdestoweniger in diesem Fall nicht um *Autorität*. Die Vergangenheit, die *Autorität* über mich ausübt, ist eine *geschichtliche* Vergangenheit; es ist *meine* Vergangenheit, das heißt jene Vergangenheit, die die »Ursache« meiner Gegenwart und die »Basis« meiner Zukunft ist; es ist die Vergangenheit, die die Gegenwart in Hinsicht auf die Zukunft bestimmen soll. Anders gesagt erlangt die Vergangenheit Autorität nur in dem Maße, da sie sich in Form der »*Tradition*« präsentiert. Nun haben wir gesehen, dass die Autorität des Vaters genau diese Autorität der geschichtlichen »Ursache« oder der »Tradition« ist. Man kann also wohl sagen, dass die Zeit – im Modus der Vergangenheit – sich »autoritätsförmig« als Autorität des Vaters »manifestiert« und dass letztere ihr metaphysisches Fundament in der »Gegenwärtigkeit« der Vergangenheit in der Gegenwart hat, das heißt in der gesamten Realität, die Teil der zeitlichen Welt ist.

Kommen wir zur Zukunft. Auch hier hat die reine, einfache Zukunft keine *Autorität*; alles hat eine Zukunft vor sich und das allein steigert in keiner Weise sein Ansehen.

---

7 Hier handelt es sich möglicherweise um einen Fehler, gemeint ist wahrscheinlich: »Gegenwart«.

Die Zukunft übt nur insoweit Autorität aus, wie sie *meine* Zukunft ist, die *geschichtliche* Zukunft, die die Gegenwart bestimmt (oder von der angenommen wird, dass sie sie bestimmt), während sie ihre Verbindungen zur Vergangenheit bewahrt. In anderen Worten übt die Zukunft nur in dem Maße Autorität aus, da sie sich in Form eines (in der Gegenwart mit Blick auf die Zukunft und auf Grundlage der Kenntnisse der Vergangenheit geplanten) *Projektes* »manifestiert«. Nun ist aber die Autorität des »Projektes« nichts anderes als diejenige des Anführers. Man kann daher sagen, dass die Zukunft sich »autoritätsförmig« als Autorität des Anführers »manifestiert«, die als metaphysische Grundlage die »virtuelle« Gegenwärtigkeit der Zukunft in allem, was ein (menschliches, das heißt geschichtliches) *Dasein* [présent], das heißt eine zeitliche (im Sinne von geschichtliche) *Realität* ist, hat.

Betrachten wir schließlich die Gegenwart. Angesichts der Tatsache, dass *alles*, was (in der zeitlichen Welt) *existiert*, »gegenwärtig« ist, kann die Gegenwart als solche keine Autorität haben: Derjenige, der Autorität »erfährt«, kann mit demselben Recht Gegenwart für sich beanspruchen, wie derjenige, der sie »ausübt«. Es ist die *geschichtliche* Gegenwart (der »geschichtliche Moment«), der eine unbestreitbare Autorität besitzt, und nicht die »Gegenwart (t=0) der Physik. Es ist die Entität, die eine »*wirkliche Präsenz*« in der Masse der lediglich »präsenten« (das heißt *existierenden*) Dinge hat, die Autorität besitzt: die »wirkliche Präsenz« des Geistes in der »Materie«, Präsenz desjenigen, was (im starken Sinn des Wortes) *nicht existiert*, in demjenigen, was alles de facto Existierende repräsentiert. Nun ist das Inexistente in der zeitlichen Welt entweder das, was *nicht mehr existiert*, oder das, was *noch nicht existiert*: das heißt Vergangenheit oder Zukunft. Man stellt also eine »wirkliche Präsenz« der *Vergangenheit* und der *Zukunft* in der Gegenwart fest, die Autorität hat: eine Gegenwart, die aus der Vergangenheit stammt und die die Zukunft in sich birgt. Nun ist eine solche (menschliche oder »geschichtliche« Gegenwart nichts anderes als die *Handlung* im starken Sinne des Wortes, die Handlung, die in der Gegenwart sowohl die Erinnerung an die Vergangenheit als auch das Projekt der Zukunft *verwirklicht*. Die *Handlung* aber stellt sich dem Sein entgegen. Diese Opposition realisiert und »manifestiert« sich in und durch (oder wenn man so will: als) *Transformation* des Seins durch die Handlung, die am Ende eine aktive *Zerstörung* des Seins darstellt. Nun ist das »Risiko«, das die Autorität des Herrn erzeugt, genau eine solche *Handlung* im eigentlichen Sinn des Wortes, die sich seinem Sein (seinem Leben) entgegenstellt, es in Gefahr bringt und es gegebenenfalls vollständig vernichten kann. Und jede (auf diesem »Risiko« gegründete) Aktivität des Herrn ist eine Verwirklichung und »Manifestation« der Vergangenheit und der Zukunft in der Gegenwart, ist *Handlung* im eigentlichen Sinn des Wortes. Also ist eine Handlung wirklich eine »Manifestation« der Zeit im Modus der Gegenwart. Man kann somit mit Recht sagen, dass die Gegenwart (der geschichtlichen Welt) die metaphysische Grundlage der Autorität des Herrn ist, und dass die Gegenwart sich »autoritätsförmig« nur insoweit »manifestiert«, wie sie sich als *Handlung* im eigentlichen Sinne verwirklicht, eine Handlung, die nicht einmal vor dem Risiko der totalen Zerstörung desjenigen Seins Halt macht, das ihm als Träger dient. (Die Autorität der »Tagesbedürfnisse«, im Gegensatz zu derjenigen der »Zukunftsträume« und derjenigen der »Vergangenheitsbewahrung«, ist im Endeffekt die Autorität der *Kriegsnotwendigkeiten* oder allgemein gesagt der *Lebensrisiken*, die der Vorstoß der Vergangenheit einer Nation in ihre Zukunft *durch* ihre *Gegenwart* hindurch mit sich bringt.

Die Autorität des Herrn ist also nicht nur diejenige des Kriegers. Allgemein gesagt ist es die Autorität desjenigen der (in allen Bereichen) »bereit ist, das Risiko einzugehen«, »zu handeln weiß«, »fähig ist, eine Entscheidung (Projekt) in die Hand zu nehmen«, sich »an die Arbeit macht«, etc.; kurz gesagt, der trotz allem nicht immer »vernünftig« und »umsichtig« ist.

Die Zeit realisiert sich – in ihrem Verhältnis zur Ewigkeit – in der temporalen Welt durch deren »kausale« Struktur. Ohne ins Detail gehen zu wollen, sei darauf hingewiesen, dass wenn die Ewigkeit sich durch die »Formursache« verwirklicht, die Zeit die Vergangenheit als »Materialursache«, die Zukunft als »Finalursache« und die Gegenwart als »Wirkursache« umsetzt (vgl. Aristoteles). Nun »manifestiert« sich aber auf der Ebene der menschlichen Existenz (das heißt in der zeitlich-*geschichtlichen* Welt) die »Formursache« auf dem Weg der »Kontemplation«, also in einer im Allgemeinen »passiven«, »theoretischen«, »unbeteiligten«, »quietistischen« Haltung. Die drei anderen »Ursachen« hingegen »manifestieren« sich auf dieser Ebene durch »praktische« oder »aktive«, »willentliche«,

»interessierte« Verhaltensformen. Die »Wirkursache« »manifestiert« sich durch eine »*Handlung*« im eigentlichen Sinne des Wortes, eine Handlung, die in der Gegenwart *getätigt* wird; die »Finalursache« durch das »*Projekt*«, das heißt durch eine auf die Zukunft projizierte Handlung; und die »Materialursache« durch die »existenzielle Erinnerung« oder »Tradition«, das heißt durch eine »traditionelle« Handlung, die sozusagen durch die Trägheit vollzogen wird, vergleichbar mit dem »Übergang« vom Sein der Ursache in ihre Effekte. Und es ist offensichtlich, dass die »autoritären« Aspekte dieser Manifestationen nichts anderes sind als die »Phänomene« der Autorität des Vaters, des Herrn und des Anführers (die allesamt auf die eine oder andere Weise *handeln*) einerseits, und der des Richters (der nicht handelt, sondern sich begnügt, die Handlungen der Anderen zu »kontemplieren« – oder zu »beurteilen«) andererseits. Somit dient die »kausale« Struktur der geschichtlichen Welt (die von ihrer »zeitlichen« Struktur abstammt) gleichermaßen als metaphysische Grundlage für das vierfache Phänomen der Autorität, indem sie seinen Zusammenhang, seine interne Struktur (aufgeteilt in 1+3) und die gegenseitigen Beziehungen seiner vier konstitutiven Elemente »rechtfertigt« beziehungsweise erklärt.

Auf diese Weise »rechtfertigt« die metaphysische Analyse die phänomenologische, und zwar indem sie erklärt, warum es notwendigerweise *vier* und *nur* vier irreduzible Typen von Autorität gibt. Sie beweist, dass unsere Liste der 64 »Varianten« wirklich *vollständig* ist. Sie erlaubt es ebenso, die analytische Beschreibung der »reinen« Typen (und aller »Varianten«) sowie der Verbindungen, die diese miteinander verknüpfen, zu überprüfen und zu berichtigen. Infolgedessen erlaubt sie es, die politischen, moralischen und psychologischen Konsequenzen, die man aus der phänomenologischen Analyse des Phänomens der Autorität ziehen kann, zu vervollständigen und zu »rechtfertigen«.

Dafür allerdings hätte man die metaphysische Analyse bis auf den Grund vorantreiben müssen, und zwar indem man sie mit einer tiefgründigen ontologischen Analyse vervollständigt. Ein Unterfangen dieser Art hier zu unternehmen, kommt nun allerdings nicht in Frage.

Wir müssen uns im Folgenden mit der kurzen, weiter oben vorgeschlagenen Skizze und mit einigen Anmerkungen bezüglich der ontologischen Analyse begnügen.

III Ontologische Analyse

Die metaphysische Analyse (Zeit – Ursachen) war nur eine Skizze. Die ontologische Analyse müssen wir gänzlich auf später verschieben. Wir werden uns damit begnügen, einige kurze historische Anmerkungen bezüglich dieses Problems anzuführen.

Die ontologische Analyse soll die Struktur des Seins selbst, in seiner Eigenschaft als Sein, offenbaren; eine Struktur, die mit dem vierfachen »Phänomen« der Autorität korrespondiert, welches (auf der Ebene der menschlichen Existenz) die »metaphysische« Existenz der Ewigkeit und der Zeit in ihren drei fundamentalen Modi »manifestiert« (sowie ihre »Verwirklichungen« in Form von »Ursachen«).

Man muss jedoch sagen, dass keine der vier Theorien der Autorität eine profunde und korrekte ontologische Analyse impliziert. Gewiss, alle diese Theorien reichen bis auf ein ontologisches Niveau (indem sie ausgehend von der phänomenologischen Ebene die metaphysische Ebene durchschreiten). Aber gerade weil jede dieser Theorien als *universelle* Theorie konzipiert wurde und nur einen Typ von Autorität anerkennt und kurzerhand für die ganze Autorität hält, können ihre ontologischen Analysen nur unvollständig und fehlerhaft sein. (Genauer gesagt ist es die Unrichtigkeit der Ontologien bei den Autoren dieser Theorien, die sie dazu verleitet hat, unvollständige phänomenologische Analysen anzufertigen, indem sie im komplexen Phänomen der Autorität nur den Aspekt gesehen haben, der mit ihrer unilateralen Konzeption des Seins korrespondiert.)

Die scholastischen Spekulationen über Gott (*causa sui*, Essenz, die Existenz impliziert, trinitare Struktur, »Inkarnation«) sind in Wahrheit eine ontologische Theorie. *Wir* können allerdings feststellen, dass diese Theorie nur einen Aspekt des Seins offenbart, den sie fälschlich für das Ganze hält, das sie genau dadurch entstellt. Was das Problem der Autorität angeht kann die scholastische Ontologie nur das Material für die ontologische Analyse des Vaters liefern.

Dasselbe gilt für die drei anderen Ontologien. Die Ontologie Platons (das Eine-Agathon, das Eine und das Viele, die dualistische Struktur des Seins, etc.) kann als Ausgangspunkt für die ontologische Analyse der Autorität des Richters dienen. Diejenige des Aristoteles hingegen (unbewegter Beweger, der *nous*, Form und Materie, etc.) steht am Anfang der Analyse der Autorität des Anführers. Schließlich kann die Ontologie Hegels (Negativität, Totalität, dialektische Struktur des Seins, etc.) als Grundlage der ontologischen Analyse der Autorität des Herrn dienen.

Alle diese Ontologien müssen modifiziert (vervollständigt und korrigiert) werden, gerade weil sie die bestimmten *Aspekte* des Seins, die sie entdecken, so beschreiben, als handelte es sich um das *uneingeschränkte* Sein. Auf diese Weise kann uns die ontologische Analyse des *vollständigen* (das heißt vierfachen) Phänomens der Autorität erlauben, eine *vollständige* Ontologie auszuarbeiten und nicht mehr eine fragmentarische wie all jene, die bisher vorgeschlagen wurden.

Selbstverständlich kann man die Struktur des Seins als Sein ausgehend von einer Analyse irgendeines Phänomens untersuchen (insofern *jegliches* Phänomen das Sein, das als Welt existiert, »manifestiert«). Da aber das Phänomen der Autorität sehr komplex ist, ist es vorzuziehen, die Ontologie anhand anderer Ausgangspunkte zu untersuchen und zur ontologischen Analyse der Autorität vorzuschreiten, *nachdem* man die großen Linien der Ontologie ausgearbeitet hat. Dennoch scheinen unterschiedliche Phänomene gewisse Aspekte des Seins besser zu »manifestieren«, als es andere tun. Auch sollte ein Phänomen von der Wichtigkeit der Autorität bei ontologischen Untersuchungen nicht vernachlässigt werden. Tatsächlich müsste die Aufgabe in einem ewigen Hin-und-Her ausgeführt werden: Abstieg von einer Ontologie (die als letztgültig angesehen wird) zum Phänomen; Aufstieg von einer

Phänomenologie (die als letztgültig angesehen wird) zum Sein als Sein. Nur so wird man eines Tages bei Phänomenologien, Metaphysiken und Ontologien, also bei einer Philosophie, die wirklich letztgültig, also auf absolute Weise *wahr* ist, ankommen.

Indem wir uns damit begnügen, dieses *Programm* der ontologischen Aufgabe anzudeuten, gehen wir zu den Deduktionen über, die man ausgehend von unserer flüchtigen phänomenologischen Analyse unserer Skizze einer metaphysischen Analyse vornehmen kann.

B. Deduktionen

Da unsere Analysen ungenügend sind, können auch die Deduktionen nur unvollständig sein und sind mit Vorsicht zu genießen. Außerdem versuchen wir nicht, *alle* bereits möglichen Konsequenzen zu ziehen, nicht einmal die wichtigsten. Wir werden uns damit begnügen, einige davon anzuzeigen, die ein wenig aufs Geratewohl ausgewählt sind.

Wir werden mit den *politischen Konsequenzen* (der Staat an sich) anfangen, darauffolgend zu den *moralischen Konsequenzen* (das Bürger-Individuum und der Staat in ihren wechselseitigen Beziehungen) übergehen, um mit den *psychologischen Konsequenzen* zu enden (das Bürger-Individuum an sich), wobei die drei Entwicklungsschritte der Deduktionen in umgekehrter Reihenfolge mit den drei Analyseschritten korrespondieren.

Anmerkung. Unsere Deduktionen werden *alle* in der *politischen* »Domäne« durchgeführt; es geht demnach um eine politische (»Autoritäts-«) Moral und Psychologie. Es wäre interessant, analoge Deduktionen in den »Domänen« zu machen, in denen sich Autorität manifestiert: wie die religiöse »Domäne« oder andere.

I Politische Anwendungen

Von allen politischen Konsequenzen (im engen Sinn des Wortes), die man aus unseren Analysen ziehen kann, werden wir nur jene berücksichtigen, die das Problems der

Gewaltenteilung (1) und der *Machtübertragung* (2) betreffen, wobei wir uns im Übrigen mit sehr flüchtigen Darlegungen begnügen.

♦

Die *politische* »Macht« ist die Macht des Staates, der sie durch Vermittlung derjenigen Person oder Personen ausübt, die ihn repräsentieren oder verkörpern. Ohne *Staat* (im weiteren Sinne des Wortes), keine politische Macht (im eigentlichen Sinne). Selbst in »demokratisch« genannten Staaten, wo die Macht bei der »Masse« zu liegen scheint, ist es in Wahrheit der Staat, der sie hält und ausübt: Nur wird der Staat in diesem Fall durch die Gesamtheit der »Bürger« verkörpert oder von ihr repräsentiert; aber selbst hier haben die Individuen die *politische* Macht nur, insofern sie *Bürger* sind, das heißt indem sie (kollektiv) den Staat repräsentieren oder verkörpern, und nicht in ihrer Eigenschaft als »Privatpersonen« (Kinder, zum Beispiel, haben keine politische Macht). In dieser Hinsicht unterscheidet sich die Macht der Bürger eines »demokratischen« Staats nicht *wesentlich* von derjenigen einer Oligarchie oder gar der eines »absoluten« Monarchen oder »Tyrannen«, »Diktatoren«, etc. (vgl. die besondere Anmerkung zum Staat).

Politische Macht kann in der Tat auf Gewalt gegründet sein. Aber prinzipiell sollte sie darüber hinaus gehen: Nur in diesem Fall wäre die Existenz des Staates nicht »akzidentell«, und nur in diesem Fall könnte mit anderen Worten der Staat auf unbestimmte Zeit bestehen. Eine Theorie des Staates (im Gegensatz zur *Praxis*) sieht also vom

Begriff der »Gewalt« ab. Nun kann eine Macht, die nicht auf Gewalt gegründet ist, nur auf Autorität beruhen.

Anmerkung. Auf Autorität gegründete Macht kann durchaus Gewalt anwenden; aber auch wenn Autorität Gewalt zeitigt, kann Gewalt niemals, *per definitionem*, politische *Autorität* zeitigen.

Eine Theorie der »politischen Macht« ist also nichts anderes als eine Theorie der Autorität (die sich in der politischen »Domäne« manifestiert); genauer gesagt eine (theoretische) Anwendung der Theorie der Autorität auf die Politik, das heißt auf den Staat). Außerdem werden wir, um jegliche Zweideutigkeit zu vermeiden, den Begriff »politische *Macht*« durch den der »politischen *Autorität*« ersetzen.

Per Definition kommt die ganze politische Autorität *en bloc* dem Staat als solchem zu. Aber der Staat ist eine »ideelle« Entität, die eines »realen (»materiellen«) Trägers« bedarf, um in einer raum-zeitlichen Welt *existieren* zu können. Dieser »Träger« wird durch menschliche Individuen oder durch Gruppen von Individuen gebildet. Auf diese Weise treten die Probleme der *Teilung* und *Übertragung* von Autorität auf.

Der »Träger« des Staates ist gleichzeitig der »Träger« der politischen Autorität: Er ist es, der sie »innehat« und sie »ausübt«, als er und durch ihn ist sie *real* (aktiv). Diese *reale* politische Autorität ist entweder *autonom* oder *abhängig*. Im ersten Fall ist es die Autorität des (individuellen oder kollektiven) *Staatsoberhauptes*; im zweiten Fall diejenige des (individuellen oder kollektiven) Funktionärs, der seine Autorität *in Funktion* des Oberhaupts ausübt.

Nun ist, während die Dauer der Autorität des Staates prinzipiell unbegrenzt ist, diejenige seines »Trägers« notwendigerweise endlich. Die Autorität muss also von einem »Träger« auf den nächsten *übertragen* werden: Das ist das Problem der Übertragung der politischen Autorität im eigentlichen Sinne (2, a). Allerdings gibt es noch das verwandte Problem der Übertragung der Autorität des Vorgesetzten auf den Funktionär, wobei diese Übertragung die abhängige Autorität des Letzteren festlegt sowie ihre Beziehung zur autonomen Autorität (2, b).

Die Autorität des Staates ist *eine*, insofern der Staat einer ist. Der »Träger« kann hingegen individuell oder kollektiv sein. Daher stellt sich die Frage der Verteilung der Autorität unter den konstitutiven Elementen des »Trägers« sowie das Problem, ob letzterer multipel (kollektiv) sein soll oder nicht (1, b). Aber wenngleich die Autorität des Staates immer *eine* ist, ist sie doch nicht notwendigerweise *einfach*: Sie ist es nur, wenn sie bloß einem einzigen »reinen« »Typ« von Autorität vorbehalten ist. Wenn also die Autorität des Staates mehrere »reine« Typen vereint (oder gar alle vier), kann man sich fragen, ob alle diese konstitutiven Elemente ein und denselben »Träger« haben müssen, oder ob es besser wäre, die Elemente *getrennt* zu »realisieren« (wobei man vielleicht bestimmte unter ihnen zusammenfasst). Das ist im eigentlichen Sinn das Problem der *Teilung* der Autorität (der »Gewaltenteilung«). Mit ihm werden wir beginnen (1, a).

1. Die Teilung der Autorität

a) Wir können hier keine *historische* Studie der politischen Autorität unternehmen. Wir werden uns damit begnügen, kurz die »*aktuelle*« Situation zu analysieren.

Anmerkung. Es sieht so aus, als habe es im Verlauf der Geschichte politische Autoritäten, das heißt Staaten, gegeben, die nur einen einzigen »reinen« Typ der Autorität verwirklicht haben. Die gewalttätigen Konflikte zwischen der Autorität der Familie, des »Vater«-Typs, und jener des Staates, die uns die großen griechischen Tragödien so gut vor Augen führen, deuten darauf hin, dass es ursprünglich zwei gegensätzliche Typen des Staates gab: den Familien-Staat oder Clan-Staat des Autoritätstypus V → (R, A) oder V → (A, R), und den Staat im moderneren Sinne des Wortes, Autoritätstyp H → (A, R) beziehungsweise H → (R, A), oder A → (R, H), beziehungsweise A → (H, R). – Es ist gut möglich, dass die Unterscheidung, die die Griechen zwischen dem Regime der »Tyrannei« und dem Regime der »Freiheit« gemacht haben – eine Unterscheidung, die wir kaum bestimmen und begreifen können –, nichts anderes ist als die Gegenüberstellung der Typen H → und A →. Aber wir können uns nicht mit diesen Fragen aufhalten.

Für die mittelalterliche Theorie (die übrigens niemals *vollständig* verwirklicht wurde), stammt *alle* Autorität aus der göttlichen Autorität. Insbesondere das Staatsoberhaupt ist nur ein Funktionär Gottes. Denn die göttliche Autorität integriert alle vier »reinen« Typen der Autorität, insofern Gott Vater, Anführer, Herr und Richter in einem ist. Und er überträgt *alle* diese Elemente auf seinen Funktionär. Darüber hinaus überträgt Gott, weil er selbst eine Einzelperson ist, seine Autorität auf einen einzigen Funktionär und vereint so in diesem alle vier Autoritätstypen. (Der »erste« Funktionär wird von Gott *ernannt*; und *dessen* so entstandene Autorität überträgt sich dann qua *Vererbung*; was die Autorität der *Funktionäre* dieses »ersten« Funktionärs Gottes angeht, so wird sie durch deren *Ernennung* durch Letzteren hervorgebracht und übertragen.) Allerdings komplizierte sich diese Theorie durch die Tatsache, dass Gott zwei Funktionäre ernannte: Der eine notwendigerweise ein Individuum (der Papst einer im Prinzip *universellen* Kirche), der andere mal ein Individuum (der Kaiser eines im Prinzip *universellen* Kaiserreichs), mal ein Kollektiv (die Landeskönige etc.). Selbst wenn man die Schwankungen auf Grund dieser Komplikation vernachlässigt, muss man sagen, dass die scholastische Theorie niemals klar und deutlich die Beziehungen zwischen diesen zwei Funktionären und die Natur ihrer jeweiligen Autorität hat definieren können. Anders gesagt hat das Mittelalter nicht verstanden (oder es nicht gewollt), säuberlich zwischen der religiösen »Domäne« und der politischen »Domäne« zu unterscheiden. Diese Schwierigkeiten wurden durch diejenige Theorie beseitigt, die den kirchlichen Funktionär abschaffte: die Theorie des Absolutismus. Das Problem des *Ursprungs* der politischen Autorität wird hier im Dunkeln gelassen; aber man bekräftigte unmissverständlich, dass sie *alle* vier Autoritätstypen in sich vereine und dass sie sie in einer *einzigen* Person (dem Monarchen) verwirkliche. Darauf folgen die »konstitutionellen« Theorien, die behaupten, dass die politische Autorität auf *viele* unabhängige »Träger« umgelegt werden solle. Auf diese Weise erscheint das Prinzip (und das Problem) der »Gewaltenteilung« (wie es von Montesquieu bekannt gemacht wurde), das die Grundlage der modernen »Demokratien« bildet (und das auf heftigste von Rousseau kritisiert wurde!).

Diskutieren wir kurz diese Theorie, die das politische Denken bis vor kürzester Zeit dominiert hat.

Wir stellen zunächst fest, dass diese Theorie nur *drei* »Gewalten« unterscheidet. Die judikative Gewalt korrespondiert offenkundig mit der Autorität des Richters. Die legislative Gewalt ist nichts anderes als die Autorität des Anführers, insofern es sich hier um die »Initiative«, das »Projekt« oder um die in Hinblick auf die Zukunft getroffenen Entscheidungen handelt. Was die exekutive Gewalt angeht so korrespondiert sie mit der Autorität des Herrn: da sie in der Gegenwart ausgeübt wird und eine »Handlung« par excellence ist, verlangt sie von ihrem Repräsentanten totale »Selbstverleugnung«, die Unterordnung von allem, selbst des Lebens, unter den Staat, also unter eine wesentlich *nicht*-biologische Sache. Anders gesagt beseitigt diese Theorie – von Amts wegen und ohne Diskussion – aus der politischen Autorität das vierte konstitutive Element, nämlich die Autorität des Vaters. Was die scholastischen und absolutistischen Theorien also im Blick hatten, war eine Amputation der Autorität. Und man ist versucht zu sagen, dass die politische Autorität genau aufgrund dieser *Amputation* zerfällt oder sich *zersetzt* (sich »aufteilt«).

Alles ist hier von Bedeutung: Sowohl dass es eine Amputation gibt, dass das amputierte Glied ausgerechnet die Autorität des Vaters ist, als auch dass diese Amputation sich schweigend, das heißt unbewusst vollzieht. Die Autorität des Vaters bedeutet »Tradition«, Bestimmtsein durch die Vergangenheit, »reale Präsenz« der Vergangenheit in der Gegenwart. Die Beseitigung der Autorität des Vaters hat also einen deutlich »revolutionären« Charakter: Die »konstitutionelle« Theorie entstammt dem Geist der Revolte und der Revolution, und sie bringt die (bürgerliche) Revolution in dem Maße hervor, in dem sie sich *verwirklicht*.

Anmerkung. Diese Theorie und die Revolution, die sie voraussetzt, impliziert und hervorbringt, sind »bürgerlich«: Der Bürger möchte seine ursprüngliche »Niedrigkeit« als »Nichtadliger« vergessen, er leugnet – unbewusst – seine »beschämende« Vergangenheit. Daher rührt das *Unbewusste* an der Auslöschung der Autorität des Vaters. In dem Maße, da der Bürger auf seine Vergangenheit stolz ist und sich nach ihr ausrichtet, ist er nicht revolutionär. Er wird es nur in und durch seine Opposition gegen den Adeligen. Durch diese Opposition selbst aber erkennt er den *exklusiven* Wert des Adels an, weil er keinen Weg mehr sieht, mit ihm zu *koexistieren*. Er sieht hier einen *Wert*, weil er sich *an die Stelle* des Adeligen setzen möchte. Er negiert also unbewusst den bürgerlichen Wert, das heißt seine bürgerliche *Vergangenheit*, die *in seinen eigenen* Augen nun nichts mehr ist als die Vergangenheit eines »Nichtadeligen«. Nur so wird er »konstitutionell«, das heißt, bekennt er sich zur Trennung der Gewalten, zu denen für ihn fortan nur *drei* Stück zählen: und genau dadurch wird er oder ist er revolutionär.

Aber die der Vergangenheit beraubte Gegenwart ist nur in dem Maße *menschlich*, das heißt historisch oder politisch, wie sie Zukunft impliziert (ansonsten ist sie eine Gegenwart der Ungehobelten). Nun wird die Zukunft durch die Autorität des Anführers repräsentiert, durch die Autorität, die zu »Projekten« gehört, die wesentlich über das Gegebene *hinausgehen* und nicht nur dessen schlichte *Konsequenzen* sind und die virtuell in ihm bereits anwesend sind. Die politische Autorität, die um das Glied des »Vaters« amputiert ist, wird also notwendigerweise, sofern sie *politisch* bleibt, vor allem zur einer Autorität des Anführers (des Typs A → (M, J) oder A → (J, M.)). Auf diese Weise läuft die »konstitutionelle« Theorie während und qua ihrer bürgerlich-revolutionären *Verwirklichung* notwendig auf eine Diktatur eines Napoleon oder eines Hitlers hinaus. Weil aber die um die Vergangenheit beraubte Gegenwart notwendigerweise Zukunft implizieren muss, um menschlich oder gar politisch zu sein, muss der Anführer-Diktator immer ein »*revolutionäres* Projekt« im Moment seiner Ausführung repräsentieren. Somit ist der logische Ausweg der »konstitutionellen« Theorie eines Montesquieu die Theorie der »permanenten Revolution« eines Trotzki.

Anmerkung zu den Ereignissen von 1848 (Frankreich). Die »bourgeoise« Phase kann symbolisch zwischen 1789 und 1940 situiert werden. 1789-1848 ist die »bourgeoise *Revolution*«; 1848-1940 die »bourgeoise Herrschaft«. In der »revolutionären« Phase hat sich die Bourgeoisie *gegen* die Vergangenheit und *zur* Zukunft gewandt. Zudem konnte sie, während sie sich auf die Zukunft berief, auch vonseiten der Vergangenheit die Gegenwart überschreiten: Während sie die *unmittelbare* Vergangenheit des Ancien Régime ablehnte, konnte sie doch die Kodetermination durch die *historische* Vergangenheit akzeptieren – oder hätte es gekonnt und gesollt. [18]48 aber wurde die Zukunft von einer anderen »Klasse« für sich beansprucht: Genauer gesagt spielte die Zukunft in die Gegenwart in Form eines *anderen* »revolutionären Projektes« als das von [17]89 hinein. Die Bourgeoisie, die durch das »Projekt« von 1789 als politische Autorität erschaffen wurde, akzeptierte das »Projekt« von 1848 nicht und bekämpfte es. Sie wendete sich also von diesem schicksalhaften Zeitpunkt an nicht nur gegen die Vergangenheit, sondern auch gegen die Zukunft: verschloss sich in der Gegenwart. Nur auf diese Weise ist sie *wirklich* gegenwärtig: Erst nach 1848 ist sie wirklich das, was sie ist; sie *allein* in Opposition zu *allem*, was nicht sie ist; 1884 wurde der »bürgerliche Geist« geboren. Gleichzeitig löst sich durch die Negation der Zukunft jegliche Verbindung mit der Vergangenheit, welche es auch sei. Da die Gegenwart allein *real* ist, *realisiert* sich die Bourgeoisie als solche: Das ist die Phase ihrer *Herrschaft*. Aber eine Gegenwart ohne Zukunft oder Vergangenheit ist nur eine »natürliche« Gegenwart, keine menschliche, geschichtliche oder politische. Die Herrschaft der Bourgeoisie ist also nur das fortschreitende Verschwinden *politischer* Realität als solcher, das heißt der Macht oder der Autorität des Staates: das Leben wird von seinem *animalischen* Aspekt dominiert, von den Fragen der Versorgung und der Sexualität. Das Menschliche erhält sich noch in dem Maße, da es einen Rest von Transzendenz in Bezug auf die Gegenwart gibt, sei es durch die Vergangenheit oder durch die Zukunft; aber die Vergangenheit und die Zukunft, die in der Gegenwart impliziert sind, haben keinen *aktiven* Wert mehr, sie sind hier nicht mehr »in Aktion«: Es handelt sich um ihre »virtuelle«, ideelle« oder »ideale« Präsenz, also um eine rein »ästhetische« oder »künstlerische«. Eine Tradition, die in Form von »Romantizismen« dahinvegetiert, und eine Revolution des »Futurismus«; die »klassizistische« Gegenwart, die ihres ureigenen Elementes beraubt ist, welches in der wirkmächtigen Handlung liegt, ist ihrer ganzen Lebendigkeit beraubt. Es gibt also keinen bürgerlichen »Klassizismus«.

Anmerkung zur Tradition. Alle Tradition im eigentlichen Sinne, also Tradition, der *politischer* Wert und *politische* Realität zukommt, ist notwendigerweise *mündlich* oder hat die Form des Spektakels, das heißt ist unvermittelt. Geschriebenes ist von seiner Natur her von seinem materiellen Träger – das heißt von seinem Autor, der es in der Zeit fixiert – *abgelöst*. Die Vergangenheit, die nur durch Geschriebenes vergegenwärtigt wird, ist für mich nicht *meine* Vergangenheit: Ich verliere sehr leicht das Interesse an ihr; in einem *Buch* dargelegt unterscheidet sich die Vergangenheit meines Landes beispielsweise nicht merkbar von der Vergangenheit Chinas; ich habe die Neigung, alles *Geschriebene* auf dieselbe Ebene zu stellen und die Theorien, die dort dargelegt werden zu diskutieren, als seien sie außerhalb der Zeit erdacht worden. Daher mussten die Ereignisse von 1848, insofern sie das *politische* Band mit der Vergangenheit zerstört haben, vor allem die *mündliche* Tradition berühren: Sie musste in der Phase der bourgeoisen *Herrschaft* zu kurz kommen.

Man kann auch sagen, dass die Autorität des Vaters im Dorf verankert ist, während die Stadt die Neigung hat, sie nicht »anzuerkennen«, und das heißt sie zu zerstören. Das Dorf lebt die »*Dauer*«, die Stadt »vertreibt sich die

Zeit«. Nun impliziert die Dauer, das heißt die *Totalität* der Zeit und nicht nur ihr »Moment«, notwendigerweise die Vergangenheit: In und durch die Vergangenheit *dauert* und *existiert* der flüchtige »Moment«. Der *Übergang*, der *Flux* der Zeit hingegen wird vom Druck der Zukunft hervorgerufen: Die Gegenwart ist nur *in statu nascendi* »aktiv«, »virulent«, »aktuell«. Die Stadt hat also die Tendenz, die Vergangenheit zu vergessen, indem sie an die Zukunft denkt, die die momenthafte Gegenwart »aktualisiert«, während das Dorf die Dauer der Gegenwart lebt, indem sie sie auf die Vergangenheit projiziert (*Wiederkehr* der Jahreszeiten, etc.). Anders gesagt hat das Dorf eine natürliche Tendenz dazu, die Vater-Autorität anzuerkennen, während die Stadt bereitwillig eine Anführer-Autorität anerkennt, die das Element des »Vaters« ausschließt und sich ihm entgegenstellt. Die »konstitutionelle« Theorie der amputierten (und infolgedessen geteilten) »Macht« sowie wie ihre politische Verwirklichung implizieren eine Hegemonie der Stadt über das Dorf und setzten diese voraus: Es handelt sich um eine wesentlich *städtische* Theorie und Realität.

Anmerkung. Es scheint also, als hätten die Ereignisse von 1789 die politische Zerstörung des Dorfes eingeleitet und diejenigen von 1848 sie besiegelt. Ich gestehe ein, dass diese Konsequenz unserer Analyse eher schlecht zur historischen Realität passt. Dennoch scheint die Deduktion korrekt zu sein. Diese ganze Frage müsste genauer untersucht werden.

Man kann sich fragen, was aus der amputierten, das heißt um ihr »väterliches« Element beraubten politischen Autorität wird.

Bleibt die Autorität des Vaters erhalten, indem sie lediglich aus der politischen Autorität ausgeschlossen wird, wird sie dazu übergehen, sich in der Familie anzusiedeln. Diese »autoritäre« Familie wird per Definition gegen den Staat (ohne die Autorität des Vaters) gerichtet sein. Wir landen damit wieder beim Fall des antiken (heidnischen) Konflikts zwischen Familie und Staat (vgl. die *Antigone* des Sophokles), der, sofern er *essenziell* ist, früher oder später zur *Zerstörung* eines der Gegner führen muss.

Anmerkung. Tatsächlich ist es die Familie, die unterlegen ist. Und man kann davon auch den »phänomenologischen« und »metaphysischen« Grund angeben.

Verschwindet die Autorität des Vaters hingegen vollständig, und muss sich so der Staat nicht mehr mit ihr befassen (wie es mehr oder weniger der Fall sowohl in der »konstitutionellen« Theorie als auch in der »konstitutionellen« Wirklichkeit ist), zeigen sich drei Möglichkeiten mit jeweils zwei Varianten –

A → (H, R) oder (R, H)
H → (A, R) oder (R, A)
R → (H, A) oder (A, H)

(– ohne über jene Fälle zu sprechen, in denen der politischen Autorität neben dem Element des »Vaters« noch andere amputiert worden sind.)

Der Fall A → (—) besagt, dass die politische Autorität offen und bewusst *revolutionär* ist, das heißt dominiert von dem »Projekt« einer *wesentlich* neuen Zukunft, beziehungsweise *entgegengesetzt* zur Vergangenheit und zur Gegenwart, die sich auf dieser gründet. Die Variante A → (H, R) ergibt den »bolschewistischen« Typ (Lenin); die Variante A → (R, H) den »menschewistischen« oder (niemals vollständig realisierten) »sozial-demokratischen«. Der Fall H → (—) bezeichnet hingegen die Vorherrschaft der Gegenwart, der Handlung und des »Risikos«: Das bedeutet letzten Endes eine wesentlich militärische Autorität. Die Variante H → (A, R) korrespondiert zu einem gewissen Grad mit dem germanischen oder hitlerischen »Imperialismus« (der trotz allem ein Element der Autorität des Vaters impliziert, übrigens ohne wirkliche Harmonie mit den anderen drei Elementen); die Variante (H → R, A) korrespondiert – wenn man die eigentlich komplexere Wirklichkeit etwas forciert – mit dem angelsächsischen oder gar »bourgeoisen« »Imperialismus«.

Nun bezeichnet der Fall A → (—) per Definition eine »permanente Revolution«, also einen Staat, der *wesentlich* instabil, ohne wirkliche *Dauer* und unbestimmt ist. Was den Fall H → (—) angeht, so repräsentiert auch er keine stabile, das heißt *letztgültige* politische Form, und sei es auch nur, weil die Erde rund ist und die militärischen Möglichkeiten daher begrenzt (von den Risiken, die bei jeder kriegerischen Unternehmung anfallen, ganz zu schweigen). Eine *Theorie* des Staates (im Gegensatz zu einer einfachen *Praxis*) muss also diese beiden Möglichkeiten zurückweisen.

Bleibt als drittes: R → (—). Gegründet auf die »*ewigen*« Prinzipien der Gerechtigkeit scheint diese Form der politischen Autorität stabil und letztgültig und das heißt auch *in der Theorie* akzeptabel sein zu können. Allerdings handelt es sich dabei bloß um eine Illusion. In dem Maße, da die politische Autorität nicht die Vergangenheit impliziert, ist ihr »zeitliches« Element (das nur *zwei* Modi hat) nicht mehr in Harmonie mit dem »ewigen« Element: Die Autorität des Herrn (Gegenwart) und des Anführers (Zukunft) müssen sich also notwendigerweise *gegen* die Autorität des Richters (der Ewigkeit) richten. Nun verliert, wenn die *gegen* die Zeit gerichtete, oder genauer gesagt, von ihr *abgespaltene* Ewigkeit keine *Wirklichkeit* mehr hat, auch die Gerechtigkeit, die von der Autorität des Anführers und des Herrn abgespalten ist, alle wirkliche Autorität. Sie muss also ihre Wirklichkeit entweder aus der Autorität des Anführers oder der Autorität des Herrn beziehen.

Damit »unterwirft« sie sich aber und wir landen wieder bei den Fällen A → und H . Wenn man sie in ihrer dominanten Isoliertheit halten möchte, muss man sie auf eine andere politische Wirklichkeit als auf den Staat im eigentlichen Sinne stützen. Eine Wirklichkeit aber, die *politisch* ist, ist gleichwohl etwas *anderes* als der Staat selbst – sie ist das, was man »Klasse« nennt (denn die Familie kann zwar der Autorität des Vaters als Stütze dienen, nicht aber jener des Richters). Die in Frage stehende Gerechtigkeit wird also notwendigerweise jene sein, die Marx »Klassengerechtigkeit« genannt hat. In diesem Fall wird der Staat des Typs R → wesentlich »bourgeoise« sein, insofern der Staat in Wirklichkeit von der »bourgeoisen« Klasse absorbiert wird. Es ist also der Typ R → der für die Periode der bourgeoisen Herrschaft charakteristisch ist, das heißt die Variante R → (H, A) korrespondiert mit dem bourgeoisen »Konservatismus« (die *Tories* zum Beispiel), die Variante R → (A, H) mit dem »Liberalismus« oder »Radikalismus« (die »Radikal-Sozialisten« zum Beispiel). Nun ist eine »Klasse«, weil sie nicht das Ganze ist, per Definition gegen eine andere »Klasse« gerichtet. Der Staat des Typs R → impliziert und produziert also notwendigerweise einen Konflikt: das heißt, dass er weder stabil noch letztgültig ist und er von einer echten politischen Theorie zurückgewiesen werden muss.

Anmerkung. Man sieht, dass die Absetzung einer konservativen Partei von der Macht durch eine liberal-radikale Partei mehr ist als ein einfacher Transfer der Autorität, das heißt ein Wechsel ihres »Trägers«. Es handelt sich (in dem Maße, da die Partei wirklich ihr Programm realisiert), um einen Wechsel der Natur der Autorität selbst und infolgedessen des Staates. Noch handelt es sich hier nur um einen Wechsel innerhalb *desselben* Typs. Folglich kann man sich, auch wenn die Transformation von R → (H, A) zu R → (A, H) und umgekehrt auf Dauer das gesamte politische Bauwerk ins Wanken zu bringen vermöchte, auch einen dynamischen Gleichgewichtszustand vorstellen, eine Art Pendelbewegung. Ein Übergang von R → zu H → oder zu A → hingegen bedeutet einen Wechsel des *Typs* selbst: daher nimmt dieser Wechsel auch den Charakter einer »Revolution« an. Angesichts der Tatsache, dass die Ewigkeit, die der Totalität der Zeit entspricht, besonders mit dem Modus der Gegenwart korrespondiert (vgl. den Aspekt des »*nunc stans*« der Ewigkeit), ist der

Übergang vom Typ R → zum Typ H → weniger »revolutionär« als derjenige von R → zu A →. Insofern die (isolierte) Zukunft die *Negation* der Ewigkeit ist, entspricht die Verwirklichung dieser (isolierten) Zukunft der Zerstörung des Elements der Ewigkeit in der Gegenwart. Anders gesagt, der Typ R → kann sich nur in die Variante A → (H, R) des Typs A → transformieren, und nicht in die Variante A → (R, H), was praktisch bedeutet, dass die Revolution, die R+ in A+ transformiert notwendigerweise *blutig* ist, und wirklich das Risiko auf Leben und Tod impliziert (Autorität H). Die Variante A → (R, H) ist also ausgehend vom Typ R → prinzipiell unrealisierbar: Die politische Autorität nach dem Muster A → (R, ...) schafft es nicht, die Autorität H zu ergreifen, die sich ihr entgegensetzt; und der Typ A → macht Typ H → Platz.

Die Zerstörung der Autorität des Vaters ist also verhängnisvoll für die politische Autorität im Allgemeinen. Sie ruft notwendigerweise die Opposition des Elements »Richter« gegen die Elemente »Herr« und »Anführer« hervor, also genau die »Gewaltenteilung«, die wir diskutieren.

Anmerkung. Prüfen wir, inwieweit man dem Übel abhelfen kann, ohne die *Dreiteilung* der politischen Autorität abzuschaffen. Es geht dabei darum, die Autorität des Vaters so wiedereinzuführen, dass sie keine »Gewalt« für sich allein bildet. Man muss sie also mit einer der drei »Gewalten« verbinden, oder mit zwei, oder gleich mit dreien. Die Autorität existiert nur, insoweit sie »anerkannt« ist, insoweit sie anerkannt ist, *existiert* sie also. Es genügt folglich, dass die Autorität des Vaters als dem Anführer, dem Herrn oder dem Richter zugehörig anerkannt wird, und zwar von denjenigen, die deren Autorität erfahren, damit diese »reinen«

Autoritäten – H, A oder R – zu »komplexen« Autoritäten (H/V, A/V oder R/V) werden. Es genügt also, dass diejenigen, die die politische Autorität erfahren, das heißt die Bürger (im Unterschied zum Staatsoberhaupt und seinen Funktionären), von Natur aus dazu neigen, das Element des »Vaters« mit *jeglicher* Autorität zu assoziieren, die von ihnen »anerkannt« wird. Man kann vermuten, dass das der Fall sein wird, wenn die politische Autorität sich nicht nur auf isolierte *Individuen* bezieht, sondern auf *Familien*, die durch ihren Anführer repräsentiert werden. Dafür dürfte ein Mann nur in dem Maße *Bürger* sein, da er »Anführer«, oder genauer formuliert: »*Vater* der Familie« ist. (Es ist allerdings – um den »antiken« Konflikt zu vermeiden – zudem notwendig, dass er in dieser Kapazität *nur* Bürger ist: Er muss in seiner Eigenschaft als »Vater der Familie« die politische Autorität »anerkennen« und ihr nicht die »familiäre« Autorität entgegensetzen. Nur auf diese Weise wird es keine *zwei* sich gegenüberstehenden Autoritäten – V und A, H – sondern eine *einzige* – politische – Autorität: A+V, H oder A+V, H+V, R, etc.) geben. Aber was ist eine Familie und was ein »Vater der Familie«? (Vgl. Bemerkung über die Familie.)[8] Es ist sicherlich nicht das Paar selbst, noch aber der Ehemann: Selbst wenn das Paar *menschlich* und nicht tierisch ist, das heißt, selbst wenn es in »Liebe« gegründet ist, konstituiert es keine *politische* Entität. Aber auch die Anwesenheit eines, zweier oder sogar »vieler« Kinder konstituiert noch keine Familie als *politische* Entität: Die Produktion von Kindern ist eine rein biologische, *tierische* Aktivität, und ihre Anzahl ändert daran nichts. Die Familie ist lediglich eine *menschliche* Entität *sui generis* und wird nur insoweit eine *politische* Enti-

---

8 Kojève, *Esquisse*, a.a.O., S. 483 ff.

tät, die in der Lage ist, »Bürger« zu sein, das heißt die politische Autorität – den Staat – »anzuerkennen«, da sie 1) die Kinder *erzieht* (das heißt, das neugeborene Tier in ein menschliches Wesen transformiert) und 2) gemeinsam an der Schaffung und Erhaltung eines Werkes *arbeitet,* das man »Familienbesitz« nennt. Wenn der Staat der Familie das Recht und die Pflicht nimmt, ihre Kinder zu erziehen, dann ist die *alleinige* reale Grundlage des *politischen* Wesens der Familie der Familienbesitz. Dieses Vermögen gehört der Familie als ganzer, welche ihre (kollektive) politische, reelle »Individualität« nur aus der Einheit dieses Vermögens bezieht. Der Familienbesitz ist also *wesentlich* unteilbar und unveräußerlich; ist demnach notwendigerweise »Grundbesitz«, »Land«. Er wird vom Vater der Familie »verwaltet«, und dieser kann nur in seiner Eigenschaft als »Verwalter« des Familienbesitzes Bürger werden. Damit also unser Problem gelöst werde, ist es hinreichend und notwendig, dass die Körperschaft der Bürger von solchermaßen definierten »Vätern der Familie« gebildet wird. Aber wenn der Staat auch andere *Bürger* als bloß (individuelle oder kollektive) *»Familienväter«* umfasst, werden lediglich Letztere die Quelle der politischen Autorität des Vaters darstellen. Auf dieselbe Weise werden jene (oder ihre »Repräsentanten«) *Autorität* über die anderen Bürger haben, wobei diese Autorität natürlicherweise vom Typ Vater ist und einen *politischen* Wert hat. Anders gesagt werden die »Väter der Familie« (oder ihre »Repräsentanten«) ein integrales Element der *politischen* Autorität bilden und hier den »reinen« Typ der Autorität des Vaters repräsentieren (zum Beispiel in Form eines »Senats«, der die Rolle der römischen »Zensoren« einnimmt). Das heißt, dass eigentlich, selbst der Form nach, die politische Autorität in ihrer Gesamtheit aus vier Elementen (»Gewalten«) zusammengesetzt sein wird und nicht mehr aus dreien. Wenn man also – auch in diesem Fall – das Prinzip der *Teilung* der politischen Autorität (der »Gewalten«) und das der *Drei*-Teilung erhalten will, wird man irgendwelche der drei anderen »reinen« Autoritätstypen zu einem einzelnen »zusammengesetzten« Typ zusammenfassen müssen: zum Beispiel (A+H, R, V), etc.

Betrachten wir, unter der Annahme, die Autorität des Vaters würde gänzlich beseitigt werden, was man über die *Teilung* oder Trennung der drei restlichen Typen sagen kann, die die politische Autorität ausmachen. Wir haben gesehen, dass das Element des Richters, wenn man das Element des Vaters unterdrückt, sich notwendigerweise den anderen Elementen – Anführer und Herr – entgegensetzt. Die Trennung der judikativen Gewalt von den anderen »Gewalten« ist also ein »natürlicher« Prozess. Es sei bemerkt, dass die Idee der »Gewaltenteilung« ihren Auftritt in der Geschichte (bereits im Mittelalter; vgl. die *Magna Charta libertatis*) der Forderung nach einer unabhängigen »*judikativen* Gewalt« verdankt. Es ist *diese* »Trennung«, die am ehesten gerechtfertigt erscheint: Wir sind heute natürlich geneigt, hierin ein politisches »Axiom« zu sehen.

Und wirklich ist die Trennung der Autorität des Richters von den anderen Autoritäten, die zur politischen Autorität in ihrer Gesamtheit gehören, zu einem gewissen Maße durch die Analyse des Phänomens der »Autorität« gerechtfertigt. So wie sich die Ewigkeit der Zeit entgegenstellt, stellt sich auch die Autorität des Richters von ihrem Wesen her gegen die drei anderen. Angesichts der Tatsache, dass die Autorität des Richters von allen anderen »Autoritäten« »anerkannt« werden muss, scheint es natürlich, dass ihr »Träger« von den »Trägern« der anderen Autoritäten verschieden und unabhängig ist.

Aber wir haben auch gesehen, dass ihre Trennung vom Ensemble der politischen Autorität die Autorität des Richters isoliert und infolgedessen *partikularisiert*, und damit die »Gerechtigkeit«, die ihr zugrunde liegt, in eine »Klassengerechtigkeit« transformiert.

Anmerkung. Die Heftigkeit der Auseinandersetzung selbst, die diese marxistische Interpretation hervorgerufen hat, ist ein Indiz zu Gunsten ihrer Wahrheit.

Da diese *Partikularisation* eines konstitutiven Elements der politischen Autorität diese schwächt, indem sie sie instabil und »provisorisch« zurücklässt, scheint die *Theorie* der politischen Autorität das Prinzip der Trennung der judikativen Gewalt zurückweisen zu müssen.

Wir stehen also vor einer (»kantianischen«) *Antinomie* der politischen Theorie. Das lässt vermuten, dass hier eine Verschmelzung wesentlich verschiedener Entitäten vorliegt: nämlich der »*politischen*« Gerechtigkeit (die das Staatsoberhaupt und seine Funktionäre ebenso richtet wie die Bürger als Bürger) und der »privaten« Gerechtigkeit (die die Menschen als *Individuen* oder als Mitglieder von Familien und »Gesellschaft« richtet: Zivilrecht *und* Strafrecht). (Siehe die *Bemerkung über das Recht*.)[9] Darin,

---

9 Ebd., S. 420.

dass die »private« Gerechtigkeit, das heißt ihre Autorität und ihr »Träger«, von der politischen Autorität getrennt werden müsste, sieht die *Theorie* der politischen Autorität keine Notwendigkeit. Denn indem man sie an die ungeteilte politische Autorität zurückbindet, vermeidet man eine Degeneration zur »Klassengerechtigkeit« mit sämtlichen ihrer politischen Unannehmlichkeiten. Die »politische« Gerechtigkeit hingegen muss sich gegen die Autorität stellen, über die sie richten können soll, und es ist natürlich, ihr einen eigenen und unabhängigen »Träger« zuzuteilen.

Anmerkung. Die entscheidende Frage ist nun, worin dieser »Träger« bestehen soll. Das Ideal wäre eine spontane Genese der Autorität des Richters (die sich durch Wahlen, zum Beispiel durch eine allgemeine Wahl »manifestierte«). Allerdings ist in der Praxis das Auftreten einer (individuellen oder kollektiven) Figur, die als würdig angesehen wird, über *alle* anderen, einschließlich des Staatsoberhauptes, in ihrer Eigenschaft als Bürger zu richten, wenig wahrscheinlich. Es ist also anscheinend vorzuziehen, diese Figur durch ein Losverfahren unter *allen* Bürgern, unabhängig davon, wer sie seien, ins Leben zu rufen. Dieser Richter, oder dieses *politische* Tribunal, muss mit der *Totalität* der (politischen) Autorität des Richters ausgestattet werden und von den anderen Autoritäten getrennt, ja sogar unabhängig sein. Er muss also richten, ohne sich von anderen »Gesetzen« als jenen, die er sich selbst gibt, leiten zu lassen. Vor allem darf er nicht gestützt auf die Verfassung richten: Denn in diesem Fall erkennt er die Autorität der »legislativen Gewalt« an (die die Verfassung ändern kann) und wäre nicht mehr von ihr »getrennt«. (Es würde keinen Sinn mehr ergeben, ihn als autonome »Gewalt« einzusetzen.) Die historische Erfahrung bestätigt diese Sichtweise auf die Dinge: Das Urteil des Konvents, das über Ludwig XVI gefällt wurde, hatte einen unzweifelhaften – positiven oder negativen – politischen Wert; die Versuche, Staatsoberhäupter oder hohe Funktionäre durch ein »gerichtliches« Tribunal zu verurteilen, sind jämmerlich gescheitert, wie es in Russland 1917 oder in Riom 1942 geschah.

Angenommen die politische Autorität in ihrer Gesamtheit umfasste nur *drei* Elemente (da sie des Elements des Vaters beraubt ist), sagen wir, dass das (politische) Element des Richters von den Elementen des Anführer-Herrn »getrennt« sein muss. Man muss sich nun fragen, ob die zwei Letzteren gleichermaßen voneinander getrennt sein müssen, wie es die »konstitutionelle« Theorie verlangt. Aber Theorie, Praxis und der simple gesunde Menschenverstand sind sich darin einig, *diese* »konstitutionelle« Forderung zurückzuweisen. Wenn man die Trennung der legislativen und exekutiven »Gewalten« ernstnähme, entspräche das der Einrichtung einer »Gewalt«, die alles vorhersehen soll, ohne etwas zu vermögen, gegenüber einer anderen Gewalt, die alles vermögen soll, ohne etwas vorherzusehen. Im Falle eines Konfliktes zwischen beiden (und die »Trennung« ergibt nur Sinn, wenn man die Möglichkeit eines *Konfliktes* annimmt), würde die legislative »Gewalt« augenblicklich von der exekutiven »Gewalt« zerdrückt werden, und der Staat hörte auf, in seiner bisherigen Form zu existieren.

Anmerkung. Das ist der Grund, warum die legislative »Gewalt« in Staaten mit getrennten »Gewalten« dazu neigt, die exekutive »Gewalt« zu schwächen oder sogar aufzulösen, wohingegen Letztere versucht – mit weniger »Überzeugung«, da sie die reelle Macht innehat – die legislative »Gewalt« als illusorisch darzustellen. Die Trennung der beiden »Gewalten« führt also im Allgemeinen zur Unterdrückung einer der beiden, das heißt zu einer neuerlichen Amputation der politischen Autorität, solange eine der beiden es nicht schafft, die andere zu »ergreifen«, und eine komplexe, das heißt *nicht* »getrennte« »Gewalt« zu werden.

Metaphysisch gesprochen stellt die legislative »Gewalt« [pouvoir], die – sofern sie keine reine physische Gewalt [force] ist – nichts anderes als die Autorität des Anführers ist, den »autoritären« Aspekt der Existenz der Zukunft dar, wohingegen die exekutive »Gewalt«, die die Autorität des Herrn verwirklicht, die Gegenwart darstellt. Nun ist aber eine von der Gegenwart *getrennte* Zukunft reine Abstraktion ohne jegliche metaphysische »Substanz«. Dies überträgt sich auf die Ebene der menschlichen und politischen Existenz durch den Umstand, dass die Autorität des Anführers, wenn sie von derjenigen des Herrn *isoliert* ist, »utopischen« Charakter annimmt: Die von der Exekutive abgetrennte Legislative konstruiert eine »Utopie« ohne Beziehung zur Gegenwart (das heißt zur *Wirklichkeit*), die es infolgedessen nicht schafft, sich zu *verwirklichen* (das heißt sich in der Gegenwart zu behaupten), die die Autorität, die sie geschaffen hat, mit sich in den Abgrund reißt und mit ihr den Staat selbst in seiner »gespaltenen« Form. Was die Gegenwart angeht, so »entmenschlicht« sie sich in dem Maß, da sie sich von der Zukunft ablöst. Das bedeutet – auf der politischen Ebene –, dass die »getrennte« exekutive »Gewalt« zu simpler »Verwaltung« oder »Polizei« (»Polizeistaat«) degeneriert: Sie wird eine reine »Technik«, die nur mit dem rechnet, was »*ist*«, das heißt mit den »harten« Fakten. Nun sind die »harten Fakten« aber nichts anderes als die gegenwärtigen *Kräfteverhältnisse*. Es ist also die *Kraft* [force], die das Handeln der *abgetrennten* exekutiven »Gewalt« bestimmt: Sie wird zu einer Verwaltung oder Polizei *der Klasse*, wie die Marxisten sagen. Das heißt, dass sie ihre politische *Autorität* des Herrn verliert. Der in sich »gespaltene« Staat ist damit als Staat aufgelöst: Einerseits hört die Autorität des Herrn (die exekutive Gewalt), die von den anderen »getrennt« sein soll und also einen unabhängigen »Träger« haben muss, vollständig auf zu bestehen; andererseits löst sich die Autorität des Anführers (legislative Gewalt) aus denselben Gründen in der Utopie auf; die Trennung der legislativen und exekutiven »Gewalt« läuft daher auf die *Unterdrückung* der Autoritäten des Herrn und des Anführers hinaus; die politische Autorität (von der die Autorität des Vaters bereits ausgeschlossen wurde), das heißt die Autorität des Staates, reduziert sich so auf die einfache Autorität des Richters; und man kann sich unter diesen Bedingungen fragen, in welchem Maße es hier noch einen Staat im eigentlichen Sinne gibt.

Anmerkung. Wenn wir das Ensemble, das durch die Autoritäten des Herrn und des Anführers gebildet wird, »*Regierungs*-Autorität« nennen, können wir sagen, dass es in einem Staat, in dem die politische Autorität auf die des Richters reduziert ist, keine *Regierung* gibt, oder dass die Regierung dieses Staates keine *Autorität* mehr innehat und nichts als rein *physische Gewalt* [force] besitzt. Was die übrigbleibende richterliche Autorität angeht, so kann sie nicht mehr *politisch* sein, das heißt sie kann sich, angesichts der Tatsache, dass diese nicht mehr existieren, nicht mehr auf die anderen im Staat verkörperten Autoritäten richten. Sie wird also – zivil- und strafrechtlich – zu einer »*privaten*« richterlichen Autorität. Man kann damit eigentlich weder mehr vom Staat noch vom Bürger sprechen: Es handelt sich um eine »Gesellschaft«, gebildet von isolierten Individuen (Privatpersonen), die einander gegenüber durch (»private«) rechtliche Autorität fixierte Rechte und Pflichten haben, während die Regierung nichts weiter als eine *Kraft* ist, damit beauftragt, die Akte der rechtlichen Autorität zu verwirklichen.

Es scheint passend, den Begriff »Staat« lediglich für Gesellschaften zu reservieren, die ein Element *sui generis* beinhalten, das man »Regierung« nennt, wobei dieses der Träger der *vereinigten* Autoritäten des Anführers *und* des Herrn ist. Die *politische* Autorität, die per Definition die Autorität des *Staates* ist, impliziert also notwendigerweise ein Element von *Regierungs*-Autorität (wobei es auch noch andere Autoritäten implizieren kann – oder vielleicht sogar muss). Unsere Analyse zeigt nun, dass die gouvernementale Autorität nicht aufrechterhalten werden kann, wenn man die Autorität des Anführers von derjenigen des Herrn *abtrennt*, das heißt, ihnen »Träger« zuschreibt, die wirklich *unabhängig* voneinander sind. Selbst wenn man die Autorität des Vaters unterdrücken möchte und derjenigen des Richters einen unabhängigen »Träger« zuschreibt, muss man die Autoritäten von Anführer und Herr vereint lassen: Die politische Autorität, des Elements des Vaters beraubt, kann also nur in *zwei* geteilt sein.

Wenn man aber diese zweifache Teilung vollzieht, muss man darauf achtgeben, dass die gouvernementale Autorität wirklich sowohl die Autorität des Anführers als auch die des Herrn impliziert. Falls nicht, degeneriert und verschwindet sie wie wir sehen werden, und zieht den Staat selbst als Staat mit in ihren Abgrund.

Anmerkung 1. Die gouvernementale Autorität kann sowohl vom Typ H, A oder A, H sein. Im ersten Fall ist es die Autorität des Herrn, die diejenige des Anführers »anzapft« oder »hervorbringt«, wobei die erstere also »vorrangig«, die zweite »abgeleitet« ist. Im zweiten Fall tritt das Umgekehrte ein. Man müsste beide Fälle analysieren. Allerdings können wir dies hier nicht tun.

Anmerkung 2. Die Autorität des Anführers ist eine des »Projekts« oder, wenn man so will, des »Programms«. Die spontane Genese dieser Autorität vollzieht sich also bei jenen Gelegenheiten, bei denen ein Programm von einer – kollektiven oder individuellen – Person vorgeschlagen wird, die beansprucht, die Rolle des »Trägers« dieser Autorität zu spielen. Diese Genese verwirklicht sich im und durch den Akt der »Anerkennung«, die sich durch eine Abstimmung *manifestieren* kann. Man kann also die Existenz einer Versammlung annehmen, die einen Anführer in seiner Anführer-Autorität bestätigt. Aber diese Versammlung kann nur über die Person abstimmen, das heißt über den »Träger«, und ihm dabei des Weiteren eine *carte blanche* für seine Aktivitäten, also für die Ausübung der Autorität ausstellen. Diese Versammlung ist also keine von der »gouvernementalen« Gewalt unabhängige oder ihr entgegensetzte Gewalt: Sie ist Teil der Regierung und manifestiert deren Autorität lediglich von außen. *Theoretisch* gesehen spricht also nichts gegen die *Ernennung* der Mitglieder dieser Versammlung durch die Regierung. Insofern die Autorität des Anführers *übertragen* wird (und nicht spontan ist), setzt sich die *Ernennung* durch. Der Anführer (individuell oder kollektiv) des Staates, dessen Autorität real, das heißt »anerkannt« ist, *ernennt* seine »Kollaborateure« (das heißt die Mitglieder der Regierung, die den Charakter von Funktionären haben) und kann seinen »Nachfolger« ernennen. Die *Autorität* geht so auf den »Nominierten« über, ohne dass die Versammlung dabei eine Rolle zu spielen hätte: Die *Autorität* des Funktionärs und des Nachfolgers des Staatsoberhauptes hängt nicht von der Versammlung ab. Aber sie kann über den »Träger« dieser Autorität urteilen, das heißt durch ihre Stimme die Tatsache *kundtun,* dass jene oder jene andere konkrete Person (individuell oder kollektiv) tatsächlich die Autorität »materialisiert«, die ihr durch die Ernennung durch das Staatsoberhaupt übertragen wurde. Praktisch bedeutet das, dass die Versammlung sich zum Thema der von der Regierung designierten (*ernannten*) Personen äußern kann. Aber angesichts der Tatsache, dass es sich auch hier um ein Urteil handelt, das auf die Person gerichtet ist, genauer gesagt auf ihre Eignung, als »Träger« einer bestimmten Autorität zu dienen, wäre es besser, die Versammlung würde sich nicht im Moment der eigentlichen Ernennung äußern, sondern erst einige Zeit (sechs Monate oder ein Jahr zum Beispiel), nachdem der Ernannte begonnen hat, sein Amt auszuüben.

Was die Autorität des Herrn angeht, so hat sie keine Realität, wo es nicht auch – zumindest ein virtuelles – *Risiko für das Leben* gibt. Sofern es keinen Krieg oder keine Revolution gibt, die zum Untergang des Staates oder der Regierung führen könnten, wobei dieser Untergang die Tötung derjenigen Person zur Folge hätte, die ihn verkörpert, muss man sich eine künstliche »Todesgefahr« für das Staatsoberhaupt und die Mitglieder der Regierung erschaffen. (Die *Theorie* beansprucht eben genau das Vorhandensein einer solchen Todesgefahr für die Person des Staatsoberhaupts und die Mitglieder der Regierung, ohne dass diese Gefahr aber für den Staat selbst oder die Regierung *als solche* tödlich wäre, das heißt eine andere Gefahr als diejenigen, die sich in Form von Kriegen, Revolutionen und Staatsstreichen etc. präsentieren.) In der *Praxis* wird diese Gefahr oft durch den Kampf auf Leben und Tod zwischen den Kandidaten um die Autorität des Anführers repräsentiert (vgl. den Terror Robespierres, die »Prozesse« von Moskau oder die Ereignisse des 22. Juni in Deutschland,[10] etc.). Aber es scheint, als sei es in der *Theorie* vorzuziehen, diese Gefahr als Funktion der Existenz einer von der Regierung getrennten (judikativen) Autorität herzustellen, die also einen *unabhängigen* »Träger« hat. Diese Autorität könnte zum Beispiel ein politisches Tribunal sein, wie wir es weiter oben besprochen haben: Ein Anführer (Gesetzgeber), der von diesem Tribunal *zum Tode* verurteilt werden könnte, würde genau dadurch auch in den Genuss der (exekutiven) Autorität des Herrn kommen. (Dieses Tribunal soll also die Gefahr des »Utopismus« in der Gesetzgebung eliminieren.) Es scheint des Weiteren, als dürfe sich dieses Tribunal, um die-

---

[10] Das »Unternehmen Barbarossa« der Nationalsozialisten gegen die Sowjetunion, Beginn des Deutsch-Sowjetischen Krieges.

ses Ziel zu erreichen, nur in zwei möglichen Urteilen äußern: Ehrenauszeichnung oder Todesstrafe. Das Vorhandensein des Risikos der *Todesstrafe* ist notwendig für das Vorhandensein von »Herrschaft«. Und der einfache Freispruch scheint hier keinen Sinn zu ergeben: Der Freispruch würde schlicht die Unfähigkeit des Anführers bedeuten (ohne »bösen Willen« von seiner Seite), beziehungsweise scheint es, als würde dieser hier durch den einfachen Verlust der Autorität eliminiert werden müssen, ohne dass die Intervention des Tribunals notwendig wäre; letztere ist nur gefragt, wenn es zu etwas wie einem »Gegen-Papstes« kommt; denn der »Gegenpapst«, das heißt der ebenfalls mit Autorität ausgestattete Gegner des Anführers, kann nichts anderes als ein politischer *Verbrecher* sein, den freizusprechen nicht in Frage kommt. (Das Tribunal muss anders gesagt den »Gegen-Papst« entweder »anerkennen«, das heißt eine »politische Revolution« sanktionieren und ihn als »Helden« ansehen, oder aber seine Autorität als »Hochverrat« einstufen, der seiner Natur nach mit dem Tode bestraft wird.) In alle Zeiten wurden die *politischen* Verbrechen strenger bestraft als die anderen: selbst im degenerierten Staat Nicholas II. Dass man in den modernen »Demokratien« die Neigung zur politischen Gnade hat, beweist nur eines: den Verlust jeglichen Sinns des »Politischen« im Allgemeinen.

Die Teilung der amputierten politischen Autorität muss also eine zweifache sein: (politische) judikative Autorität und Regierungsautorität (des Anführers/Gesetzgebers, der gleichzeitig Herr/Exekutive ist, oder umgekehrt). Aber wir haben gesehen, dass von Interesse sein kann, das Element der Autorität des Vaters wieder in die die politische

Autorität einzuführen. Insoweit es aber unmöglich (oder nicht wünschenswert) ist, die Zahl der Bürger auf die »Familienväter« zu reduzieren, käme dies der Erschaffung einer von der Autorität der Regierung und des Richters getrennten Autorität des Vaters gleich, die sozusagen einen unabhängigen Träger hätte. So finden wir wieder eine dreifache Teilung der politischen Autorität, die sich aber von derjenigen, die die »konstitutionelle« Theorie empfiehlt, unterscheidet. Die politische Autorität (Autorität des Staates) teilt sich in: 1) Die reine Autorität (des Vaters), mit dem Zensoren-Senat aus den »Repräsentanten« der »Familienväter« als »Träger«; 2) die Autorität der Regierung, das heißt die »komplexe« Autorität des Anführer-Herren oder des Herren-Anführers, die als Träger a) das (kollektive oder individuelle) Staatsoberhaupt; b) die Funktionäre, c) die (»gewählte« oder ernannte) Versammlung der »Öffentlichkeit« [*Assemblée »manifestante«*] hat; und 3) die (reine) Autorität des Richters, die das (per Losverfahren ermittelte) politische Tribunal zum »Träger« hat. Der Staat ist nichts weiter als die *Wirklichkeit* dieser dreifachen Autorität.

Man kann sich jedoch fragen, ob die Teilung der »Gewalten« beziehungsweise der politischen Autoritäten, welche auch immer es seien, ganz allgemein gesprochen von der politischen Theorie vorgeschrieben oder aber verboten ist. Nun ist diese Frage sehr komplex.

Es besteht kein Zweifel daran, dass einerseits alle Autorität dazu neigt, total zu werden: die Autorität jeglichen Typs tendiert dazu, die Autoritäten der anderen Typen zu vereinnahmen. Andererseits widersetzt sich die metaphysische Struktur der Autorität ihrer Teilung: Drei Modi der Zeit bilden von Natur aus einen Block, während die Ewigkeit nur in und durch ihre Vereinigung mit der Zeit *real* ist. Es scheint also, als verbiete die Analyse des Phänomens »Autorität« jegliche Teilung der politischen Autorität und jegliche »Gewaltentrennung«. Und es ist nutzlos, auf all die Argumente *praktischer* Natur zu bestehen, die man (vgl. z.B. Rousseau) der »konstitutionellen« Theorie und Praxis entgegengestellt hat. Allgemein gesagt scheint es, als werde eine Entität durch ihre Teilung geschwächt: Die Summe der Kräfte der abgetrennten Teile ist geringer als die Kraft des ungeteilten Ganzen. Tatsächlich ist die Teilung nur dann *real* (hat »Sinn« und »Grund«), wenn die abgetrennten Teile in der Lage sind, miteinander in *Konflikt* zu treten; ein Konflikt (selbst ein »latenter«) scheint aber notwendigerweise einen Teil der umstrittenen Kräfte »neutralisieren« zu müssen, und zwar so, dass man diesen »verlorenen« Teil der Kraft von der Summe, die die getrennten Kräfte isoliert betrachtet bilden, abziehen müsste. Daher scheint es vorzuziehen zu sein, der politischen Autorität *en bloc* ein und denselben (individuellen oder kollektiven) »Träger« zu geben.

Die Argumente – praktischer Natur – jedoch, die man zugunsten der These der Gewaltentrennung vorgebracht hat, sind ebenfalls sehr stark. Diese Argumente sind im Übrigen aber auch sehr bekannt und wir müssen hier nicht auf sie bestehen. Sagen wir lediglich, dass die metaphysische Analyse in einem gewissen Sinne selbst als Beleg der in Frage stehenden These angeführt werden kann. Denn wenn es tatsächlich stimmt, dass die drei Modi der

Zeit eine Einheit bilden, dann stimmt es ebenso, dass es überhaupt keine Zeit gäbe, wenn es keine Trennung der drei Modi, will heißen, auch keine Art von »Spannung«, von »Konflikt« zwischen ihnen gäbe. Wenn die Ewigkeit außerdem als *Totalität* der drei Modi der Zeit mit dieser einen Block bildet, so widersetzt sie sich diesem auch, insofern die *Totalität* (das Ganze) etwas anderes ist als die Summe der Teile. Allein, in diesen zwei Fällen bedeutet die Entgegensetzung und, wenn man so will, die Trennung nicht die *Isolation* des Getrennten oder Entgegengesetzten. Es findet Inter-Aktion statt, das heißt: Trennung, denn es gibt *zwei* (oder mehr) Akteure; aber eben auch Einheit, da die Wirkung [action], die vom einen Akteur auf den oder die anderen ausgeht, von der Gegenwirkung [réaction] nicht zu trennen ist.

Für die Frage, die uns interessiert, folgt also, dass man, selbst wenn man die Autoritäten, die in ihrem Zusammenspiel die politische Autorität bilden, *trennen* möchte, sie nicht voneinander *isolieren* darf, indem man jede in sich selbst verschließt. Es ist notwendig, dass sie in Beziehung zueinander agieren und reagieren können: Man muss ihrer statischen Teilung zum Trotz ihre dynamische Einheit erhalten. (Wenn man beispielsweise die – legislative – Autorität des Anführers von der – judikativen – Autorität des Richters trennt, darf man Letztere nicht durch ein System grundsätzlich unveränderlicher Gesetze oder durch eine Verfassung, die als *unveränderlich* angesehen wird, *fixieren*. Umgekehrt darf man keine Anführer-Autorität einführen, die sich wie die des Monarchen vor niemandem »verantworten« muss – das heißt der Wirkung der Richter-Autorität entzogen ist, etc.)

Muss man aber, indem man die These der »isolierenden« Trennung der Autorität zurückweist, das Prinzip der Trennung selbst aufrechterhalten?

Um auf diese Frage zu antworten, sei hier eine Anmerkung angeführt, die in der Regel vernachlässigt wird. Wenn ein und derselbe »Träger« (sei er individuell oder kollektiv) mehreren »reinen« Autoritätstypen dient, entsteht immer die Tendenz, einen dieser Typen (den »dominanten« oder »vorrangigen« Typen) zu Lasten der anderen zu entfalten: Die »abgeleiteten« Typen schaffen es auf diese Weise nicht, sich vollständig zu entwickeln und verbleiben in einem Embryonenstadium. Will man also erreichen, dass die vier »reinen« Typen der Autorität sich auf vollendete und vollständige Weise verwirklichen, ist es notwendig, ihnen unabhängige »Träger« zuzuschreiben, das heißt die »Gewalten zu trennen«.

Anmerkung. Das trifft auch auf die Autorität des Anführers und die Autorität des Herrn zu, die jedoch nicht getrennt werden können. Dadurch entsteht allerdings kein politischer Nachteil, denn man kann zeigen, dass die Autorität des Herrn im Zuge des politischen Fortschrittes derjenigen des Anführers den Vortritt lassen, das heißt selbst »degenerieren«, muss. Es scheint sogar, als müsse sie im »idealen« Staat der Zukunft vollständig verschwinden. Allgemein gesagt setzt die Autorität des Herrn die *reale* Möglichkeit des Krieges und der blutigen Revolution voraus und also die Möglichkeit mit ihnen zu verschwinden.

Die historische Entwicklung geht von der Einheit der politischen »Gewalt« zur Trennung der »Gewalten« über. Nun »belegt« aber das, was wir gerade gesagt haben, diesen Tatbestand: Um die Fülle seiner Entwicklung zu erreichen, muss jeder »reine« Typ von den anderen getrennt sein. Das bedeutet allerdings nicht, dass die Autoritäten, auch *nachdem* sie alle ihre impliziten Möglichkeiten realisiert haben, »getrennt« bleiben müssen. Es scheint im Gegenteil, als würden sie sich aufs Neue vereinen müssen. Die politische Evolution würde also von der nicht-differenzierten Einheit (Einheit des Keims) ausgehen, eine Phase der Trennung und der Entwicklung der getrennten Elemente durchlaufen, um schließlich zur Totalität zu gelangen, das heißt zur differenzierten Einheit (Einheit des erwachsenen Organismus).

Um auf die Frage zu antworten, ob (und wenn ja: wie) man die politische Autorität teilen, das heißt »die Gewalten trennen« muss, muss man also den Platz erkennen, den ein bestimmter Staat im Marsch der politischen Evolution einnimmt: Man muss die Natur seiner konkreten politischen Realität erkennen.

Wohlgemerkt können wir an dieser Stelle keine Bemühungen dieser Art unternehmen. Sagen wir lieber ein paar Worte über einen anderen Aspekt des Problems der Teilung politischer Autorität, nämlich die Beziehungen zwischen einer (»reinen« oder »komplexen«) ungeteilten Autorität und ihrem »Träger«.

♦

b) Wenn die politischen Autoritäten geteilt sind, versteht es sich von selbst, dass jede einen unterscheidbaren »Träger« haben muss. Anders gesagt muss jede Autorität in einer bestimmten Person verkörpert werden. Allerdings muss man sich weiterhin fragen, ob diese Person ein einzelnes Individuum oder ein »Kollegium« sein soll. Dieselbe Frage stellt sich, wenn man die politische Autorität nicht teilt.

Und in eben dieser letzteren Form hat man das Problem in der Regel diskutiert.

Die »klassische« Klassifikation ist die Folgende:

Die eine und unteilbare politische Autorität liegt

1) bei einem Einzigen – Monarchie (Tyrannis)
2) bei einem Teil (im Sinne von: bei einer Minderheit) – Aristokratie (Oligarchie)
3) bei allen – Demokratie.

Diese Einteilung ist sehr »kantianisch«, da sie mit drei kantianischen Kategorien der Quantität korrespondiert: *Einheit, Vielheit, Allheit**. Vom *politischen* Gesichtspunkt aus betrachtet aber ist sie falsch.

Was im Politischen nämlich am meisten zählt, ist ob das Handeln letztlich von einem einzelnen Menschen oder einem »Kollegium« ausgeht. Von diesem Gesichtspunkt aus ist der Unterschied zwischen einem Einzelnen und einer Gruppe – welcher Art auch immer – größer als der zwischen mehr oder weniger umfangreichen Gruppen. Hinzu kommt, dass der kollektive »Träger« der Autorität politisch gesehen niemals *alle* impliziert, die ihr unterworfen sind. Der Begriff »alle« bezeichnet selbst in der radikalsten »Demokratie« »alle *Bürger*« und nicht alle (im Staat lebenden) menschlichen Wesen. Nun ist die Grenze zwischen Bürgern und Nicht-Bürgern immer mehr oder weniger arbiträr (vgl. das Problem der Frauen, Kinder, Verrückten, etc.), sodass der »Träger« der Autorität immer mehr oder weniger den Wert eines »Teils«, beziehungsweise von »Mehreren« hat. Außerdem obliegt in der politischen *Realität* die »Gewalt« gar nicht *allen* Bürgern: Sie obliegt der *Mehrheit*, das heißt einem Teil.

Anmerkung 1. Der Fall, da die Macht *allen* Bürgern zukommt, könnte als politisch irreal ausgeschlossen werden, wenn er nicht zu einem gewissen Zeitpunkt in Polen tatsächlich realisiert worden wäre (das berühmte Veto-Recht, das heißt Autorität = Einstimmigkeit). Aber diese Erfahrung selbst demonstriert die politische Absurdität dieser Variante. Wir können hierin also nur einen »Grenzfall« sehen und keine Möglichkeit, die auf die Möglichkeit der Regierung durch einen und durch mehrere *beschränkt* bleibt.

Anmerkung 2. Wenn man diesen Anmerkungen zum Begriff »alle« in der Politik zustimmt, muss man auch eine andere logisch mögliche Klassifikation zurückweisen:

Die Autorität liegt

I. bei einem *Teil* → 1. Bei einem *Einzelnen*
→ 2. *Mehreren* → a. der Minderheit
→ b. der Mehrheit

II. bei *allen*.

Denn man kann nicht wirklich alle Staaten die existiert haben in I den polnischen Staat und II alle anderen einteilen![11]

Die *politisch* betrachtet korrekte Klassifikation ist also die folgende:

Der »Träger« der (ungeteilten) politischen Autorität ist:

I. individuell

II. kollektiv, gebildet durch:

1. einen *Teil* der Bürger, wobei dieser Teil a. eine Minderheit, b. eine Mehrheit konstituiert.
2. *alle* Bürger (Grenzfall)

Die jeweiligen Vor- und Nachteile der Möglichkeiten I und II sind lang und breit diskutiert worden. Wir können hier nicht die Argumente der beiden Seiten wiederholen. Allerdings können wir einen Aspekt des Problems beleuchten, der in der Regel vernachlässigt worden ist. Man sagt, dass wenn der »Träger« kollektiv ist, die Gefahr eines Konfliktes zwischen den Mitgliedern des Kollektivs besteht, der die Autorität selbst schwächen oder sogar zerstören kann. In dem Fall, da die Autorität einem »reinen« Typen zukommt, ist dieses Argument gültig. Wenn aber die Autorität »komplex« ist, ist die Angelegenheit weniger einfach. Denn in diesem Fall kann ein und derselbe Mensch in Konflikt mit sich selbst geraten: Als Anführer betrachtet zum Beispiel kann er zu sich selbst als Richter oder Vater in Opposition stehen; etc. Wenn der Konflikt der Autoritä-

[11] Die Nummerierung ist hier vermutlich vertauscht; es müsste heißen: i. allen anderen Staaten, ii. polnischer Staat.

ten sich nun im Inneren ein und desselben Menschen abspielt, führt er entweder zum (physischen oder politischen) Selbstmord, das heißt zur Zerstörung des »Trägers« und infolgedessen zur Zerstörung der gesamten Autorität selbst, oder – in der allergrößten Mehrheit der Fälle – zur Unterdrückung einer der in Konflikt stehenden (Teil-)Autoritäten zu Gunsten der anderen. (Das ist genau der Grund, warum es *scheint* als kämen diese Konflikte weniger häufig bei Individuen als bei Kollektiven vor.) Im Fall eines kollektiven »Trägers« hingegen, verteilen sich die im Konflikt stehenden partiellen Autoritäten in der Regel zwischen den verschiedenen Individuen und sind somit weniger der wechselseitigen Auslöschung ausgesetzt.

Wenn also der »Träger« einer reinen »politischen« Autorität dient, ist es vorzuziehen, dass er individuell ist (und die »Diskussion« sich unter den »Träger«-*Kandidaten* dieser Autorität abspielt, nicht innerhalb ihres »Trägers« selbst). Wenn aber die politische Autorität »komplex« ist, scheint der Vorzug bei einem kollektiven »Träger« zu liegen. (*Beispiel*: der »Träger« der Autorität H oder A sollte individuell sein. Wenn man aber will, dass die Autorität HA oder AH nicht zur Autorität H oder A degeneriert, ist es besser, wenn ihr »Träger« wäre kollektiv.)

Angenommen der »Träger« der ungeteilten politischen Autorität ist kollektiv, kann man sich fragen, was seine quantitative Natur sein muss. Den Fall II.2 können wir ausschließen.

Anmerkung. Angesichts der Tatsache, dass man nicht über sich selbst *Autorität* haben kann, scheint dieser Fall auf den ersten

Blick nicht-existent zu sein. Aber vergessen wir nicht, dass es sich hier um *politische* Autorität handelt, die sich den Autoritäten anderer Art entgegensetzen kann, das heißt Autoritäten, die in einer anderen als der politischen »Domäne« realisiert sind, zum Beispiel in der religiösen (die übrigens ebenfalls alle vier »reinen« Autoritätstypen als solche umfassen kann). Selbst wenn *alle* Bürger als »Träger« der *politischen* Autorität dienen, gibt es dennoch nur eine politische *Autorität*, denn jeder dient nur insofern als deren »Träger«, als er *Bürger* ist und nicht etwa *homo oeconomicus* oder *homo religiosus*. Als religiöse Person usw. kann ich also die politische *Autorität* »anerkennen«, das heißt erschaffen, der ich in meiner Eigenschaft als Bürger selbst als »Träger« diene. Dieser Fall existiert also theoretisch. Aber er ist politisch betrachtet *irreal*, insofern die derart »getragene« Autorität es nicht schafft, sich zu erhalten.

Es bleibt also zu ermitteln, ob der »Träger« der (ungeteilten) politischen Autorität die Minderheit (Fall II, 1, a) oder die Mehrheit (II, 1, b) der Bürger bilden muss.

Wir haben gesehen, dass die Mehrheit (Minderheit) keinen Zuwachs an Autorität aus der bloßen Tatsache ziehen kann, dass sie eine Mehrheit (Minderheit) ist: Die Autorität hat nichts mit der Quantität zu tun. Von diesem Gesichtspunkt aus ist es also gleichgültig, ob der Träger der (ungeteilten) politischen Autorität sich auf einen Einzelnen, eine mehr oder weniger große Mehrheit oder eine Minderheit gründet. Man muss sich nur fragen, ob ein Mehrheits-»Träger« schlechter als ein Minderheits-»Träger« dazu geeignet ist, eine bestimmte Autorität zu erhalten und auszuüben. Denn es ist evident, dass es, wenn man den »Träger« der politischen Autorität mit dem (kollektiven) *Anführer* des Staats identifiziert, nicht zur Frage steht, dass dieser »Träger« die Mehrheit der Bürger eines wie auch immer kleinen Staates bildet. Aber der »Träger« der politischen Autorität ist in Wirklichkeit nicht nur das Staatsoberhaupt (oder die »Regierung«), sondern auch die Gesamtheit der Funktionäre. Unsere Frage reduziert sich auf das Problem, ob der Körper der Funktionäre die Mehrheit der Bürger bilden soll oder nicht, das heißt, ob man so viele Bürger wie möglich »verbeamten« soll.

Nun ist diese Frage zu komplex, um hier diskutiert zu werden.

Ebenso wenig können wir die Frage des »Trägers« einer »getrennten« politischen Autorität diskutieren. Es versteht sich von selbst, dass es ebenso viele unabhängige »Träger« gibt wie unterscheidbare Autoritäten (drei im System Senat-Regierung-Tribunal). Allerdings muss man sich weiterhin fragen, ob diese »Träger« kollektiv sein müssen oder nicht (oder nur bestimmte unter ihnen), und wenn ja, ob einer von ihnen die Mehrheit der Bürger umfassen muss oder nicht.

Ohne diese Fragen zu diskutieren, halten wir lediglich fest, dass man sie nicht beantworten kann, indem man das weiter oben angedeutete Prinzip anwendet, demzufolge ein Interesse daran besteht, einer »reinen« Autorität einen individuellen »Träger« zuzuschreiben, während man die kollektiven »Träger« den »komplexen« Autoritäten vorbehält. Denn im ersten Fall handelt es sich um eine *umfassende* politische Autorität, die den »reinen« Typ V, A, H oder R hat. Im hiesigen hingegen sind die in Frage stehenden Autoritäten (des Typs V, AH und R zum Beispiel) *konstitutive Elemente* der umfassenden politischen Autorität.

2. Die Übertragung der Autorität

a) Betrachten wir zunächst den Fall des Wechsels des »Trägers« (individuell oder kollektiv) derselben Autorität: Dies ist das Problem der »Nachfolge«, sowohl für das Staatsoberhaupt als auch für den Funktionär. Allgemein gesprochen kann man im Inneren *jeder* Autorität Folgendes unterscheiden:

1) Denjenigen, der sie auf unmittelbare Weise innehat: die »*autonome*« Autorität (des Staatsoberhaupts);
2) Denjenigen, der sie nur in Abhängigkeit zur Ersteren hat: die »*abhängige*« Autorität (des Funktionärs).

Erinnern wir uns zunächst, dass die *Übertragung* der Autorität, die der spontanen *Genese* entgegengesetzt ist, sich verwirklichen kann durch:

1) Vererbung;
2) Wahl;
3) Ernennung.

Wir haben gesehen, dass was man im Allgemeinen »Wahl[en]« nennt, durch drei säuberlich unterschiedene »Phänomene« repräsentiert werden kann. Eine »Wahl« kann eine *einfache* Manifestation einer bereits existierenden Autorität sein: Die Wahl macht die Autorität des Kandidaten, der sie unabhängig von seiner Wahl innehat, nur sichtbar und real. In diesem Fall spräche man besser nicht von einer »Wahl«, sondern zum Beispiel von einem »Vertrauensvotum«. Aber die Wahl (im eigentlichen Sinn) kann auch die Autorität des Gewählten, der keine andere Autorität hat, als die, die ihm durch seine Wahl zugewiesen wird, *erschaffen.* Das meint Wahl im eigentlichen Sinne. Und wir haben gesehen, dass eine solche Wahl »phänomenologisch« betrachtet einem Losverfahren des Kandidaten gleichkommt. Schließlich kann die »Wahl« den Charakter einer Ernennung haben, wenn die Wahlversammlung über eigene Autorität verfügt, die sie (ganz oder zum Teil) auf den Gewählten *überträgt.* In diesem Fall werden wir von »Ernennung« und nicht von »Wahl« reden.

Betrachten wir nun den Fall, da die Autorität des (individuellen oder kollektiven) Staatsoberhaupts, das heißt des Trägers der *»autonomen«*, ungeteilten politischen Autorität, (zu seinen Lebzeiten oder nach seinem Tod) auf seinen Nachfolger übertragen wird.

Wir haben gesehen, dass die Übertragung auf dem erblichen Weg phänomenologisch nicht zu verteidigen ist (mit der Ausnahme der Autorität des Vaters und selbst hier gibt es kein wirkliches »Erbe«). Sie scheint darüber hinaus in unseren Tagen völlig diskreditiert zu sein. Dieselben Anmerkungen gelten für die Wahl im eigentlichen Sinn, das heißt für das Losverfahren (ausgeführt in Form einer Abstimmung durch eine Versammlung ohne eigene Autorität; oder anders). Es bleibt also die Ernennung. Nun kann, angesichts der Tatsache, dass politische Autorität ungeteilt sein soll, die Ernennung am Ende nur durch das Staatsoberhaupt selbst erfolgen: Er ist es, der seinen Nachfolger ernennt.

Es ist evident, dass dieser Übertragungsmodus nur in dem Fall einen Vorteil darstellt, da man aus welchen Gründen auch immer die Autorität bewahren möchte, die der *Person* des Anführers, der seinen Nachfolger ernennt, zuzukommen scheint. (*Beispiel*: So bewahrt eine religiöse Sekte manchmal die Autorität ihres Gründers in der Form sukzessiver Ernennungen, die letzten Endes auf diesen Gründer zurückführen.) Allerdings darf man nicht vergessen, dass diese Autorität dazu neigt, proportional zur Zahl der Ernennungen, die sie ausführt, abzunehmen. Es ist also von Interesse, die politische Autorität als solche von der eigenen (»personalen«) Autorität einer ihrer »Träger« abzulösen. Und es wäre besser, die Ernennung durch eine spontane *Genese* einer autonomen Autorität zu ersetzen. In diesem Fall wäre die »Nachfolge« in Wahrheit eine Folge von spontanen Genesen derselben Autorität (wobei diese Genese sich beispielsweise durch ein »Vertrauensvotum« »manifestieren« könnte).

In dem Fall, da die politische Autorität geteilt ist, stellt sich das Problem der Nachfolge (des autonomen »Trägers«) für jede einzelne Autorität. Die Frage verkompliziert sich also und wir können sie hier nicht behandeln.

Anmerkung. Erinnern wir uns, dass im Staat des Typs V-AH-R die autonome Autorität des Senats der Zensoren auf dem Erbweg übertragen werden kann; jene der Regierung durch spontane Genese, die sich im Vertrauensvotum der Versammlung manifestiert; jene des Tribunals durch ein Losverfahren (beispielsweise in Form einer *Wahl*, oder unter Umständen per allgemeinem Wahlrecht).

Betrachten wir nun den Fall der Übertragung von »abhängiger« Autorität, also die Art und Weise, wie Funktionäre ersetzt werden. Angesichts der Tatsache, dass die »abhängige« Autorität des Funktionärs eine Funktion der »autonomen« politischen Autorität ist, ist es besser, wenn diese Abhängigkeit jedes Mal klar herausgestellt wird. Anders gesagt muss sich die Übertragung der Autorität hier durch Ernennung vollziehen. Der Funktionär muss also immer *ernannt* werden: Letzten Endes durch das Staatsoberhaupt, wenn die politische Autorität ungeteilt ist, oder durch den »Träger« derjenigen autonomen Autorität, von der der Funktionär abhängt, wenn die politische Autorität geteilt ist.

♦

b) Wir haben damit zugleich eine Antwort auf die zweite Frage bezüglich der Übertragung der Autorität gegeben, nämlich der Frage nach der Transformation der autonomen Autorität (eines bestimmten Typs) in eine abhängige Autorität (desselben Typs). Es ist nicht der Funktionär, der seinen Nachfolger bestimmt; ebenso wenig kommt es hier zu einer spontanen Genese der abhängigen Autorität (des Funktionärs); es findet weder Vererbung, noch Losverfahren, noch Wahl im eigentlichen Sinn statt; der Funktionär wird auf dieselbe Weise ersetzt, auf die er eingesetzt wurde, nämlich durch eine *Ernennung*, die die korrespondierende autonome Autorität vornimmt, die letztendlich seinen individuellen oder kollektiven »Anführer« zum »Träger« hat.

Anmerkung. In einem Staat des Typs V-AH-R ist es der Senat der Zensoren, der gegebenenfalls die Zensorenbeamten ernennt, und zwar auf dieselbe Weise, wie das Tribunal gegebenenfalls die (politischen) Funktionäre der »Tribunen« oder Richter ernennt. Die anderen Funktionäre werden durch die Regierung im engeren Sinne des Wortes ernannt, also entweder direkt durch ihren individuellen oder kollektiven Vorgesetzten oder indirekt vermittelt durch die Staatssekretäre oder Minister.

II Moralische Anwendungen

»*Moral* der Autorität« oder »Autoritäts-Moral« werden wir das Ensemble an Regeln nennen, dem das aktive Verhalten eines (individuellen oder kollektiven) menschlichen Wesens unterworfen sein muss, um als »Träger« von Autorität dienen zu können. Die »Autoritäts-Moral« bezeichnet also das, was man *tun muss*, um die Autorität eines bestimmten Typs zu erwerben oder zu behalten (das heißt auszuüben).

Da es nun vier »reine« Autoritätstypen gibt, gibt es notwendigerweise auch vier irreduzible Typen von »Autoritäts-Moral«: Um zum Beispiel die Autorität des Vaters zu erwerben oder zu erhalten, muss man andere Dinge tun, als um diejenige des Herrn zu erwerben und zu erhalten, etc.

Heutzutage hat man gemeinhin die Neigung, den »autoritären« (um nicht zu sagen: politischen) Aspekt der Moral vollständig zu vernachlässigen, indem man die Kategorie der Autorität und das Prinzip des wesentlichen Unterschieds zwischen denen, die sie ausüben und denjenigen, die sie erfahren, von ethischen Betrachtungen ausschließt. Dies erklärt sich durch die Tatsache, dass unsere christliche oder »bürgerliche« Moral, zumindest was ihren Ursprung betrifft, eine »sklavische« Moral ist, die der Moral der »Herren« entgegengesetzt ist: Sie reflektiert eher das Verhalten der Menschen, die Autorität erfahren, als das derjenigen, die sie ausüben.

Nun ist unter den vier »reinen« Typen der Autoritäts-Moral die Moral der Richter-Autorität diejenige, die sich am meisten der »bürgerlichen« Moral annähert. Auch wenn man versucht, eine Moral zu etablieren, die der Tatsache der Existenz von Autorität Rechnung trägt, ist es eine Moral des Typs »Richter«, die man entwickelt. Und man wendet dann diese spezielle Moral auf alle Autorität an, ohne sich zuvor dem Problem zu widmen, welchem Typ eine bestimmte Autorität zugehört. Allerdings gibt uns das Studium der Vergangenheit recht gut Auskunft über die Moral der Autorität des Typs »Herr«: Wir finden sie mehr oder weniger explizit (das heißt in Form einer Theorie) bei den Autoren der Antike, denen des europäischen 16.–17. Jahrhunderts (vgl. insbesondere den »Hofmann« von Castiglione), des japanischen und hinduistischen Mittelalters, etc. ausgeführt. Aber auch hier glauben die Autoren wohlgemerkt, es mit der Moral schlechthin zu tun zu haben: Sie legen nicht genug Wert auf den Aspekt der »Autorität« im Allgemeinen und tragen den anderen Autoritätstypen nicht Rechnung.

Was die Moral der Autorität des Vaters und die des Anführers angeht, so existieren sie sozusagen nicht in expliziter Form. Wir haben historische und psychologische

Beschreibungen des Verhaltens von Vätern und Anführern, aber daraus wurde keine Theorie entwickelt.

Wir können hier weder diese Lücke füllen, noch eine Theorie der vier irreduziblen Typen der Moral der Autorität im Allgemeinen entwickeln. Begnügen wir uns damit, die Probleme anzudeuten und hinzuzufügen, dass angesichts dessen, dass in der Praxis Autorität fast nie in Form eines isolierten »reinen« Typs vorkommt, man auch »kombinierte« autoritäre Ethiken entwickeln müsste. Es geht dabei auch darum zu prüfen, in welchem Maß die »reinen« Ethiken in Folge ihrer Fusion zu einer einzigen »komplexen« Moral eines bestimmten Typs modifiziert werden müssen.

Bemerken wir lediglich, dass es allem Anschein nach absurd ist, über die Autorität eines bestimmten Typs (oder genauer gesagt über das Verhalten ihres Trägers) ausgehend von einer Moral »urteilen« zu wollen, die zu einem anderen Autoritätstyp gehört. Die wohlbekannten »tragischen«, das heißt unlösbaren, Konfliktfälle zwischen den Autoritäten unterschiedlicher Typen (derjenigen des Vaters und des Anführers zum Beispiel) beweisen dies hinreichend.

♦

Die Ausführungen zu einer theoretischen Moral der Autorität stellen ein praktisches Interesse dar: Zunächst, weil sie denjenigen, die sich darauf vorbereiten, Autorität auszuüben oder sie tatsächlich ausüben, als Verhaltensregel dienen könnte. Aber die Verbreitung einer solchen expliziten Moral könnte auch die »Psychologie« derjenigen prägen, die Autorität erfahren, und so den Erwerb und Erhalt von Autorität erleichtern: Es ist einfacher, Autorität zu erhalten, wenn diejenigen, die sie erfahren sollen, *wissen,* was zu tun ist, um sie zu erhalten (und dann natürlich darauf achtgeben, dass man es auch wirklich tut).

So führt das Studium der *Moral* der Autorität auf natürliche Weise zum Studium (und der pädagogischen Bildung) der *Psychologie* der Autorität.

III PSYCHOLOGISCHE ANWENDUNGEN

Unter »Psychologie der Autorität« verstehen wir die Art und Weise wie der Mensch die ausgeübte oder erfahrene Autorität (eines bestimmten Typs) empfindet.

Das Studium der Psychologie der *ausgeübten* Autorität stellt nur ein rein theoretisches Interesse dar, denn praktisch steht es zumindest heutzutage außer Frage, diejenigen, die für Autorität kandidieren, zu erziehen, indem man ihre »autoritäre« Psychologie durch eine angemessene Pädagogik prägt, die in der theoretischen Kenntnis dieser Psychologie fundiert wäre.

Anmerkung. Dieses Studium ist nur dort von praktischem Interesse, wo die Autorität sich auf dem Erbweg überträgt. Daher hat man, was die autoritäre Psychologie betrifft, sozusagen nie etwas anderes untersucht als diejenige des Erbmonarchen, ohne sich übrigens mit dem Typ zu beschäftigen, zu dem seine Autorität gehört. Im Deutschland Hitlers hat man versucht »Schulen für Anführer« zu gründen (die *Ordensburgen*). Vgl. auch bestimmte Colleges in Oxford oder Cambridge.

Das theoretische Studium der Psychologie der Autoritäts-*Erfahrung* hat hingegen über sein intrinsisches Interesse hinaus einen unbezweifelbaren *praktischen* Wert.

Es ist eben die Kenntnis dieser Psychologie, die als Grundlage für alle »Propaganda« oder rationale, das heißt wirklich effektive »Demagogie« dienen muss. (Wir verstehen unter »Demagogie« die politische *Erziehung* des Volks, also eine pädagogische Aktivität, die sich der Mittel bedient, die durch das bereitgestellt werden, was man heute »Propaganda« nennt.) Weiß man, was der durchschnittliche Mensch fühlt, wenn er Autorität erfährt, und das heißt zugleich, was er von denen erwartet, die sie ausüben, kann man ihn *verstehen* lassen, dass er es in der Tat mit einer Autorität zu tun hat, und zwar mit einer »angemessen« ausgeführten; oder ihn mehr oder weniger *glauben* machen, dass es sich so verhält. Und man kann – und muss – sogar seine psychologischen Reaktionen *korrigieren*, indem man ihn wirklich spüren lässt, was man im »normalen« (um nicht zu sagen »moralischen«) Fall einer »korrekt« ausgeführten und erfahrenen Autorität spürt.

Ohne das Problem der Psychologie der Autorität untersuchen zu können, fügen wir hier lediglich hinzu, dass es darum geht, ihre vier »reinen« Typen zu unterscheiden und zu untersuchen, in welchem Maße sie sich infolge ihrer Fusion modifizieren. Denn es ist ganz klar, dass man zum Beispiel die Autorität des Vaters ganz anders erfährt als die des Herren, etc. Bevor man eine demagogische

Propaganda in Angriff nimmt (im *nicht*-pejorativen Sinn des Wortes), muss man also genau wissen, zu welchem Typ (»rein« oder »komplex«) die Autorität gehört, zu deren Erwerb oder Erhalt man mit diesem »pädagogischen« Mittel beitragen möchte.

Nun ist es unmöglich, die »normale *Psychologie*« der politischen Autorität zu etablieren, ohne ihre *Moral* zu kennen, was seinerseits die Kenntnis der *politischen* Realisierung der Autorität in der Form des Staates voraussetzt. All dies setzt eine philosophische *Analyse* der Phänomene der Autorität als solcher voraus (unabhängig von dem Problem, ob sie sich in politischer, religiöser oder andere Form realisiert): zunächst phänomenologische, dann metaphysische, schließlich ontologische Analyse.

♦

Anstatt unsere generellen Deduktionen fortzusetzen, untersuchen wir kurz – in einem Anhang – einen konkreten Fall politischer Autorität: die Autorität, die im Frankreich von 1942 existiert.

APPENDIZES

1. ANALYSE DER AUTORITÄT DES MARSCHALLS

Die Machtergreifung des Marschalls ist ein typischer Fall der spontanen Genese einer politischen Autorität.

Betrachten wir, zu welchem Typ die Autorität gehört, die die Person des Marschalls zum »Träger« hat.

Vor den Ereignissen von 39-40 war er der großen Öffentlichkeit hauptsächlich als Militärchef und als Sieger von Verdun bekannt. Er verfügte also über eine kriegerische Autorität, das heißt in unserer Terminologie, dass er als (individueller) »Träger« der Autorität des Typs »Herr« diente. Es ist diese Autorität des Herrn, die die Propaganda in den Vordergrund gerückt hat, indem sie den Marschall dem Volk als »Sieger von Verdun« präsentiere. Es ist hauptsächlich aufgrund dieser Autorität des Herrn, dass der Marschall – in der politischen Domäne im engeren Sinn des Wortes – handeln kann, ohne Erklärungen zu geben, ohne seine Handlungen zu motivieren, ohne ihre Motive, ihre Ziele oder ihre Konsequenzen anzugeben, das heißt ohne ihre *Bedeutung* zu erklären.

Die Elite der Nation kannte allerdings auch die Rolle, die der Marschall während der Militäraufstände gespielt hat: Man schätzte den »politischen« Aspekt seiner militärischen Aktivität, man wusste, dass er fähig war, Ereignisse *vorauszusehen*, ihre Entwicklung aufzuhalten und die Gegenwart mit Blick auf die Zukunft zu gestalten. Anders gesagt kam der Marschall auch in den Genuss der Autorität des Anführers, in dem Sinne, den wir diesem Begriff beigegeben haben. Es ist diese Autorität des Anführers, die der Marschall für sich reklamiert, wenn er des Öfteren zum Volk sagt: »Ich führe Euch, folgt mir!« Es ist diese Autorität des Anführers, die sich in der Tatsache offenbart, dass selbst ein vom Volk unverstandenes Projekt oder Programm ohne »Gegenreaktion« akzeptiert wird, allein aufgrund der Tatsache, dass es vom Marschall vorgeschlagen oder unterstützt wird.

Anmerkung. Einige Politiker haben versucht, die Autorität des Anführers zu ergreifen, indem sie die Tatsache für sich reklamierten, dass sie eine Niederlage *vorhergesehen* hätten, oder, in *Voraussicht* auf seinen Ausgang, zumindest vom Krieg abgeraten hätten. Der Marschall kann seine Autorität nicht auf eine solche »Voraussicht« gründen. Allerdings er hat sich nicht am Ausbruch des Krieges beteiligt: Er hat sich also nicht getäuscht; er hat keinen *Mangel an Voraussicht* bewiesen. Seine Autorität des Anführers, die er 1917 erworben hat, bleibt auch 1940 intakt.

Das hohe Alter des Marschalls, die Tatsache, dass er bereits den Gipfel des Ruhms erreicht hat und, ganz allgemein gesagt, die sichtliche »Noblesse« seines Charakters – all dies hat darüber hinaus dazu beigetragen, ihn auch mit der Autorität des Richters auszustatten. In den Augen der Nation ist der Marschall von Grund auf »unbeteiligt«, unparteiisch und objektiv, das heißt gerecht, fair und ehrlich. Um diese Autorität des Richters zu festigen, hat der Marschall zu Beginn des Krieges die schöne Parole ausgegeben (die von der Propaganda oft wiederholt wurde): »Ich habe meine Person Frankreich zum Geschenk gemacht.« Gestützt auf seine richterliche Autorität konnte er zu den Angeklagten von Riom Stellung nehmen, noch bevor sie vor Gericht gestellt wurden.

Schließlich haben der Charakter, die Haltung und der essenziell »französische« Lebensstil, das wirkliche und sichtbar französische »Wesen« des Marschalls im Zusammenspiel mit seinem Alter aus seiner Person einen (individuellen) »Träger« der Autorität des Vaters gemacht. Es ist diese Autorität des Vaters, die der Marschall (und manchmal die Propaganda) in seinem Ton und seiner »väterlichen« Haltung ausdrückt. Und es ist diese Autorität des Vaters, die dem Volk die Gewissheit gibt, dass nicht nur die unmittelbaren Tagesinteressen und Zukunftsaussichten nicht verraten werden, indem man dem Marschall in seiner Eigenschaft als Anführer folgt, ihm als Herrn blind vertraut und ihn als Richter akzeptiert, sondern genauso wenig die Traditionen der Vergangenheit.

Man kann also sagen, dass es 1940 zu einer spontanen Genese einer *totalen* politischen Autorität kam (die sich nicht in einem »Vertrauensvotum« ausgedrückt hat), und dass der Marschall als (individueller) »Träger« aller vier »reinen« Typen der Autorität (in ihrer politischen Form) dient.

Anmerkung. Eine genauere Untersuchung hätte die besondere Natur dieser totalen politischen Autorität offenbaren können, das heißt die *Ordnung* der vier »reinen« Autoritäten, die sie impliziert (die »Varianten« VAHR, AHVR, HARV, etc.). Es scheint außerdem, als habe sich diese Reihenfolge im Laufe der Zeit verändert.

Betrachten wir nun, was aus dieser totalen politischen Autorität infolge ihrer Ausübung geworden ist.

Beginnen wir mit der Autorität des Herrn. Da ihre eigentliche Domäne der Krieg ist, muss eine wesentlich und manifest friedliche und pazifistische Politik sie notwendigerweise mindern und nach und nach auflösen. Das gilt umso mehr, als dass das Alter des Marschalls es ihm verbietet, sich dem Volk als effizienter Militärchef eines eventuell kommenden Krieges zu präsentieren.

Anmerkung. Wenn man im Staat die Autorität des Herrn bewahren will, muss man also für diese Autorität einen anderen »Träger« finden als die Person des Marschalls. Es scheint, als habe dies den Marschall dazu geführt, den Admiral als seinen Nachfolger zu bestimmen. Tatsächlich muss eine Person in den Vordergrund gerückt werden, die dazu fähig ist, in einem eventuell kommenden Krieg ein effizientes militärisches Kommando auszuüben. Man bemerke den Tenor der Propaganda: »Der Admiral ist nie geschlagen worden«; es ist also seine Autorität des Herrn, die man vor allem bekräftigen oder hervorbringen möchte.

Es scheint also, als werde der Marschall immer weniger von seiner Herren-Autorität Gebrauch machen. Das bedeutet, dass er sich dem Volk wird erklären müssen.

Anmerkung. Die »gouvernementale« Autorität, das heißt die »komplexe« Autorität des Herren-Anführers, die während des Waffenstillstands von 1940 vom Typ HA gewesen ist, neigt dazu, sich in die »gouvernementale« Autorität des Typs AH zu transformieren.

Die Autorität des Vaters hingegen (von Anfang an sehr stark) ist intakt geblieben. Maßnahmen, die als »unfranzösisch« empfunden wurden, scheinen vom Volk als freiwilliger »taktischer Rückzug« von kurzer Dauer akzeptiert zu werden. Jedenfalls profitiert die »gouvernementale« Autorität dank der Unterstützung durch die intakt gebliebene Autorität des Vaters immer noch von dem Ansehen, das eine wesentliche französische (»nationale«) Politik in Frankreich haben kann. (Zudem heben der Marschall und die Propaganda den Aspekt der »Tradition« stark hervor.) Allein, das »besondere Gewicht« der Vergangenheit kann zur Stunde nicht besonders bedeutend sein. Die Gegenwart ist an solch einem »bedauerlichen« Punkt angelangt, dass sich die Nation *vor allem* nach einem Ausweg sehnt, also danach, die Gegenwart hinter sich zu lassen und in die Zukunft vorzustoßen. Die Autorität der Zukunft (= Autorität des Anführers) ist also mächtiger als diejenige der Vergangenheit (= Autorität des Vaters). Infolgedessen ist die totale Autorität nicht vom Typ V → sondern vom Typ A → (oder AH →) – oder wird es sein. Anders gesagt darf die Autorität des Vaters diejenige des Anführers nicht »fundieren«, sondern muss ihr »sekundieren«.

Gehen wir nun zur Autorität des Richters über. Gewiss, nichts hat es vermocht, das persönliche Ansehen des Marschalls zu trüben: Seine wesentliche »Unparteilichkeit« bleibt unbestritten. Aber die *tatsächliche* Ausübung dieser Unparteilichkeit, das heißt die reale Autorität des Richters, scheint geschwächt worden zu sein (siehe die bedauerliche Wendung, die der Prozess von Riom genommen hat). Man »erkennt« die Fairness des »Urteils«

des Marschalls »an«, aber man zweifelt an der Möglichkeit der Umsetzung. (Dieselbe Haltung findet sich im sozialen Bereich: Der Marschall ist gerecht, aber die »Konzerne« sind stärker als er.) Es scheint also, als könne der Marschall seine Gesamtautorität nicht (oder nicht mehr) auf die *strafrechtliche* Negation der Vergangenheit (und der Gegenwart) *gründen*, das heißt auf die »reine« Autorität des Richters. Die totale politische Autorität kann also nicht vom Typs R → sein.

Also muss die »gouvernementale« Autorität (Autorität des Anführers oder des Herrn) als Grundlage für die Autorität des Vaters und die des Richters dienen; und es ist die Autorität des Anführers, die in der Regierungsautorität dominieren muss. Die totale Autorität scheint also zum Typ AHVR (oder vielleicht: AHRV) zu tendieren.

Anmerkung. Es scheint, als sei die Nation zur Zeit – von der Frage nach der Zukunft abgesehen – weniger an der *Fairness* der Gegenwart interessiert, denn am Erhalt der Kontinuität mit der *Gesamtheit* der Vergangenheit: Es dreht sich hier also wohl um den Typ (–)VR und nicht (–)RV. In der Prä-Laval-Ära hatte die politische Autorität die Tendenz, sich in *ARV* (der Marschall) und H (der Admiral) *aufzuteilen*. Wir haben gesehen, dass die Trennung zwischen A und H nicht wünschenswert ist. Aber angesichts des Alters des Marschalls scheint sie unvermeidlich zu sein. Jedenfalls sollte die Autorität des Admirals in *Nachfolge* des Marschalls den Typ AHVR haben oder möglicherweise in diesem Fall AHRV, da dieser Typ die Tendenz hat, im Falle eines Kriegs zu HARV zu werden. Zur Stunde (Mai 1942) scheint die totale politische Autorität drei unabhängige »Träger« zu haben: A

(Laval), VR (der Marschall) und H (der Admiral). (Abermals gälte es zu ermitteln, wie weit die wirkliche gegenseitige »Unabhängigkeit« dieser drei »Träger« reicht.) Nun ist der Typ dieser Autorität schwer zu fixieren: 1) den Hoffnungen der Nation nach ist es der Typ: A+H+VR – oder sollte es sein. 2) der *persönlichen* Autorität nach ist der Typ unbestreitbar VR+H+A; 3) ein großer Teil der Bevölkerung glaubt, mit Bedauern feststellen zu müssen, dass die wirkliche Macht vom Typ A+VR+H ist. Wesentlich ist, dass die Hierarchie der »Träger« nicht mit derjenigen der Autoritäten zusammenfällt: die Autorität des Anführers, die die stärkste sein soll, hat den schwächsten »Träger« von allen.

Es ist also die Autorität des Anführers, die als Folge seiner Amtsausübung als Grundlage für die totale politische Autorität des Marschalls dient. Und es scheint, als habe diese Autorität des Anführers den Test ihrer tatsächlichen Ausübung bestanden: Noch heute würde ein »Projekt« oder »Programm«, das vom Marschall präsentiert würde, ohne »Gegenreaktion« akzeptiert werden, allein aufgrund der Tatsache, dass *er* es vorstellt. Allein, die Autorität des Anführers, insofern sie eine Autorität der Zukunft, das heißt des Projekts, ist, kann in der Gegenwart nicht ohne »Erklärung« ausgeübt werden, das heißt ohne die Akte der Gegenwart mit einer Zukunft zu verbinden, die in einem politischen *Programm* definiert ist. Ein Anführer kann nicht auf unbestimmte Zeit Anführer bleiben, ohne ein wohldefiniertes »Projekt« zu artikulieren, ein ausgearbeitetes »Programm«, dass die Transformation der Gegenwart in Hinblick auf eine festgelegte Zukunft vorschlägt. Nun muss man sagen, dass der Marschall bis jetzt noch kein »politisches Programm« vorgelegt hat, das diesen Namen verdient (oder die Autorität, die er noch heute genießt). Weit entfernt davon, die Autorität des Anführers zu bestätigen, stellt sein Handeln – ohne ein der Nation *bekanntes* (und daher mit einem rein »opportunistischen« Aspekt behaftetes) Programm – diese Autorität auf eine harte Probe.

Gewiss, der *»Topos«*, der »logische Ort« für ein solches »Programm« besteht bereits und lautet »nationale Revolution«. Aber man muss gestehen, dass dieser »Ort« noch leer ist.

♦

In einem zweiten Anhang werden wir einige Worte über diese nationale Revolution verlieren. Halten wir nun fest, um diesen ersten Anhang zu beenden, dass die Analyse der Autorität des Marschalls auf die folgende Konklusion hinausläuft:

1) Die nationale Revolution braucht die Autorität des Marschalls, um *auf die Welt zu kommen* und sich zu verwirklichen: Nur ein »Programm«, das von der vierfachen Autorität des Marschalls getragen wird, hat die Chance, von der Nation akzeptiert zu werden (sei es auch nur als Programm).

2) Die Autorität des Marschalls braucht die nationale Revolution (sei es auch nur in Form eines definierten, konstruktiven Programms, das heißt in Form einer politischen »Idee«), um sich *erhalten* zu können, ohne Änderungen zu erfahren.

Anmerkung. Man kann außerdem sagen, dass die Autorität des Marschalls derzeit ein politisches *Ideal* darstellt. Aber jedes Ideal verpufft, wenn es sich nicht verwirklicht. Ein Ideal aber, das vor seiner Verwirklichung steht, nennt sich Idee; verstanden als konkrete und konstruktive *Idee*, die, indem sie Handlung hervorbringt, das Gegebene dem Ideal entsprechend transformiert (wobei sich Letzteres infolge seiner Realisation nicht weniger transformiert als das Gegebene). Es ist also unerlässlich, dass der Marschall aufhört, *Ideal* zu sein, um politische *Idee* zu werden. Das bedeutet, dass er das Programm einer nationalen Revolution ausrufen und ins Werk setzen muss.

Mit »Revolution« bezeichnet man eine aktive, an der Zukunft orientierte Transformation der politischen Gegenwart, wobei diese Transformation eine *Negation* des gegenwärtig Gegebenen impliziert, es sich dabei also nicht um eine einfache *Entwicklung* dessen handelt, was bereits im Keim angelegt ist. (Zukunft muss also im starken und eigentlichen Sinne des Wortes verstanden werden, also als das, was noch nicht ist, und das, was nicht schon gewesen ist.)

Die Revolution ist »national«, wenn die aktive Transformation der politischen Gegenwart sich ohne eine Auflösung der Kontinuität mit der *Totalität* der Vergangenheit vollzieht. (Die *unmittelbare* Vergangenheit kann und muss verneint werden, denn sie ist es, die die »natürliche« oder »automatische« Evolution der Gegenwart ausrichtet, in eine Richtung, die der von der revolutionären Aktion beigemessenen entgegengesetzt ist.)

Diese Definition bestimmt den »Rahmen« der Nationalen Revolution; sie zeigt ihren »logischen Ort« an, ihren aristotelischen »*Topos*«. Es geht nun darum, diesem »*Topos*« einen »Inhalt« zu geben.

Dieser »Inhalt« kann die »revolutionäre *Idee*« genannt werden. Die revolutionäre *Idee* ist eine (soweit wie möglich *kohärente* und im Prinzip *universelle*, und damit alle konkreten Fälle »ableitbar« machende) Theorie oder Doktrin, die jene *Handlung* hervorbringen kann und muss, die die politische Gegenwart transformiert und die politische Zukunft schafft. Die Idee löst diese Handlung aus, indem sie ein Projekt »ausruft« und ein »Ziel« angibt; und sie bestimmt und leitet die Handlung, indem sie ein »Programm« ausarbeitet. Um nicht »utopisch« zu sein, müssen dieses Projekt und dieses Programm, während sie sich gegen die politische Gegenwart richten, ihr doch zugleich Rechnung tragen: Sie müssen von der gegebenen Gegenwart aus realisierbar sein (und nicht non-existente Bedingungen voraussetzen.)

Man muss sagen, dass im Mai 1942 Frankreich noch keine revolutionäre *Idee* hat, gleichwohl es den *»Topos«* der Nationalen Revolution akzeptiert.

Anmerkung. Man beschwert sich im Allgemeinen darüber, dass die Nationale Revolution noch nicht *verwirklicht* oder ausgeführt wurde. Aber eine Revolution ist niemals *verwirklicht*. In dem Maße, da irgendeine Sache sich *verwirklicht*, hört diese Sache auf *revolutionär* zu sein. Die Revolution ist immer etwas, das *im Vollzug ist*, sich zu realisieren, das *dabei ist zu werden*. Und das, was im Vollzug ist, sich durch eine das Gegebene negierende Aktion zu realisieren, ist eben genau die revolutionäre *Idee*. Man muss sich also nicht über die Abwesenheit einer politischen *Realität* beschweren, sondern über die Abwesenheit einer revolutionären *Idee*. Es ist die Ausarbeitung dieser *Idee*, mit der zu beginnen ist.

♦

Ich behaupte in keiner Weise, dem Frankreich von 1942 eine (national-)revolutionäre *Idee* vorschlagen zu können. Die vorangegangenen Analysen und Deduktionen sind dafür im Übrigen auch nicht hinreichend. Sie können allerhöchstens als Ausgangspunkt für Untersuchungen dienen, die geeignet sind, zu einer Ausarbeitung einer solchen konstruktiven revolutionären Idee zu führen.

Aber man kann schon jetzt eine ganz allgemeine und wenn man so will methodologische Anmerkung machen. Wenn man sich in der Gegenwart einer »revolutionären Situation« befindet, das heißt vis-à-vis einer Nation, die bereit ist, eine von der unmittelbaren Vergangenheit festgelegte Gegenwart hinter sich zu lassen und bei der aktiven (das heißt schöpferischen) Verwirklichung einer Gegenwart mitzuarbeiten, die als Grundlage für eine andere Zukunft als diejenige dienen mag, die ohne Intervention der negierenden Aktion aus ihr entstünde (und sich trotzdem an die Totalität der Vergangenheit anschließt), dann ist es von Interesse, diese Situation »auszunützen«. Man kann sie ausnützen, indem man der Nation eine revolutionäre *Idee* präsentiert. Aber wenn man noch nicht über eine solche Idee verfügt (oder wenn, aus welchem Grund auch immer, man sie nicht sogleich ankündigen oder ins Werk setzen möchte oder kann), muss man die Existenz dieser Idee *simulieren*. Eine revolutionäre *Situation* kann sich nur unter der Bedingung aufrechterhalten, zur revolutionären *Aktion* zu werden. Letztere ist nichts anderes als der Prozess der Verwirklichung der revolutionären *Idee*. Ohne *Idee* gibt es keine revolutionäre Aktion im eigentlichen Sinn, das heißt es kommt zu keiner *Schöpfung* einer wirklich neuen politischen *Realität*. Aber das *Simulacrum* einer Idee kann das Simulacrum einer revolutionären Aktion hervorbringen, und diese pseudo-revolutionäre Aktivität kann (für eine gewisse Zeit) dazu beitragen, die revolutionäre *Situation* aufrechtzuerhalten (ohne die keine wirkliche revolutionäre *Aktion* möglich ist). Um nicht in die »Trägheit« zurückzufallen (das heißt in die »automatische Verlängerung« der unmittelbaren Vergangenheit über die Gegenwart in die Zukunft), muss die Nation zumindest den *Eindruck* haben, einer revolutionären Idee entsprechend zu handeln. Es ist dieser *Eindruck*, den die Gegenwart des Ideen-*Simulacrum*, herstellen muss.

Ein »Simulacrum« bewahrt die »Form«, während es den »Inhalt« ändert oder abschafft. Es geht also darum, der Nation politische *Formen* zu präsentieren, die revolutionären Anschein haben, während man ihnen zugleich einen »harmlosen« Inhalt zuweist: das heißt entweder gar keinen Inhalt oder einen *nicht*-revolutionären Inhalt, in anderen Worten einen Inhalt, der mit dem gegenwärtig Gegebenen (mit der *gegebenen* Aufteilung der politischen Kräfte und Möglichkeiten) kompatibel ist. Man muss anders gesagt einen *neuen Typ* von Staat oder politischer Autorität erschaffen (denn eine Revolution ist nichts anderes als das Ersetzen eines vorhandenen Autoritätstyps durch einen anderen), auch auf die Gefahr hin, die neuen Institutionen »leerlaufen« zu lassen, ohne tatsächliche Wirkung, während man sich die Möglichkeit bewahrt, sie (ohne ernsthaften Widerstand) durch andere zu ersetzen, wenn die tatsächlich revolutionäre Aktion der Zukunft es verlangt.

Nun scheint es, als sei es viel leichter, ein solches *Simulacrum* einer (national-)revolutionären Idee zu finden, als diese Idee selbst vorzuschlagen.

♦

Ich behaupte nicht, auch nur ein solches »Simulacrum« der revolutionären Idee vorzuschlagen. Aber es scheint mir, dass – unter der Bedingung, dass sie diskutiert und vertieft würde – die vorausgegangenen Analysen und Deduktionen zu ihrer Ausarbeitung beitragen können.

Betrachten wir anhand eines einfachen Beispiels, was die politische *Form* (die »Verfassung«) eines Staates sein könnte, der die (totale aber dreigeteilte) politische Autorität des Typs AH-V-R verwirklicht.

Anmerkung. Wir werden die Beziehungen zwischen den Autoritäten V und R nicht weiter präzisieren. Wir werden anders gesagt nicht zwischen den »Varianten« AH-V-R und AH-R-V unterscheiden.

Die Autorität AH ist die »gouvernementale« Autorität. Insofern die politische Autorität in ihrer Gesamtheit (der Staat) vom Typ A → ist, dominiert hier die Regierung. Anders gesagt gehen von ihr alle Initiativen aus.

Im Inneren der gouvernementalen Autorität herrscht die Autorität A vor. Angenommen, dass die Autorität AH einen individuellen Träger hat, bedeutet das lediglich, dass die Regierung vor allem von der revolutionären *Idee* inspiriert ist (oder vorgibt, von ihr inspiriert zu sein), das heißt von der Zukunft und nicht von Tagesinteressen (die Militärgewalt soll dieser »zivilen« Zukunft *dienen* und sie nicht bestimmen). Weil der Träger der Autorität AH ein Individuum ist, ist die Person des Staatsoberhaupts gleichermaßen Regierungschef (Autorität A), wie Militärchef (Autorität H): Allerdings soll er, wenn es die Umstände verlangen, Krieg führen, um regieren zu können und nicht regieren, um Krieg zu führen, koste es was es wolle.

Das *Staatsoberhaupt* überträgt (delegiert) seine (zivile und militärische) »gouvernementale« Autorität durch *Ernennung* (ernennt aber nicht seinen *Nachfolger*). Er persönlich ernennt die *Staatssekretäre*, die (»legislative«) Autorität A genießen und die Details (die konkreten Anwendungen) der revolutionären Idee (Gesetzesentwürfe, etc.) ausarbeiten sollen. Respektive ernennt er die *Minister*, die (»exekutive«) Autorität H genießen und die Projekte der Staatssekretäre umsetzen müssen, von denen sie ernannt wurden. Diese Minister ernennen jeweils ihre *Funktionäre.*

Die Autorität des Staatsoberhaupts entsteht spontan. Sie »manifestiert« sich durch die Vertrauensabstimmung der *Assemblée Manifestante*, (deren Mitglieder durch ihre Vorgänger nominiert worden sind), die lediglich die Wahl verweigern kann, ohne aber einen anderen Kandidaten vorzuschlagen. Dieselbe Versammlung »bestätigt« die Autorität der Staatssekretäre, der Minister und der wichtigsten Funktionäre (nach 3, 6, 12 Monaten der Amtsführung respektive), immer ohne selbst Kandidaten für diese Posten vorschlagen zu können.

Zusätzlich zu den Staatssekretären ernennt das Staatsoberhaupt zwei Staatsminister, die nicht von der Versammlung »bestätigt« werden. Einer von beiden ist beauftragt, die Regierung vor dem Senat der Zensoren zu vertreten, das heißt die von den Staatssekretären ausgearbeiteten und vom Staatsoberhaupt angenommenen Gesetze zur Abstimmung zu bringen und dem Senat die notwendigen Erklärungen zu geben. Der andere dient in der Funktion des (politischen) Generalstaatsanwaltes als Verbindungsmann zwischen der Regierung und dem politischen Tribunal, im dem Fall, da die Regierung (oder der Senat?) jemanden beim Tribunal vor Gericht stellen möchte.

Der Senat der Zensoren (der gegebenenfalls die Zensorenbeamten ernennt), setzt sich zusammen aus den (durch eine Reihe sukzessiver Abstimmungen gewählten) Repräsentanten aller Familienoberhäupter, die Erbgrund besitzen. Seine Aufgabe ist es, darüber zu wachen, dass die »revolutionäre« legislative Aktivität der Regierung nicht mit der Kontinuität der politischen Tradition bricht. Er kann ein Gesetz zurückweisen, aber nicht selbst vorschlagen.

Das politische Tribunal urteilt über Fälle des Hochverrats, also über Akte, die dazu in der Lage sind, entweder den *Typ* des Staates zu ändern oder die *Zukunft* der Nation zu kompromittieren. Sein Urteil ist vom »politischen Gewissen« der Richter allein geleitet, die die Wahl zwischen einer »lobenden Erwähnung« und der Todesstrafe haben. (Es kann seine eigene Inkompetenz feststellen??) Die Mitglieder des Tribunals werden durch allgemeine Wahlen (= Losverfahren) unter den Bürgern (*politisch* gesehen erwachsene und *politisch* gesehen geistig gesunde Männern und Frauen) ermittelt. Das Tribunal kann, wenn es die Umstände verlangen, die »Tribunen« oder Richter-Funktionäre ernennen. Es hat keine Urteilsinitiative, das heißt kein Initiativrecht, jemanden anzuklagen. (Praktisch interveniert es nur im Fall eines heftigen

Konflikts zwischen dem Staatsoberhaupt und den Staatssekretären unterstützt von den Staatsministern.

Diese Staatsstruktur zieht nur das Phänomen der »Autorität« in Betracht, während es das Phänomen der »Arbeit« völlig vernachlässigt. Nun gilt es aber, beidem Rechnung zu tragen.

Der auf Arbeit gegründete Staat (vgl. die *Anmerkung über die Arbeit*)[12] impliziert einen hierarchischen körperschaftlichen Organismus. Alle politische Autorität entsteht hier im Inneren der Körperschaften. Daher ist es der oberste Rat der *urbanen* Körperschaften, der den Kandidaten für das Amt des Staatsoberhaupts präsentiert (während sich die *bäuerlichen* Körperschaften politisch gesehen im Senat ausbreiten). Aus der Reihe der vom Rat vorgeschlagenen Kandidaten wählt das Staatsoberhaupt wiederum die Staatssekretäre, diese wiederum – die Minister – und diese – die Funktionäre.

Insofern es die äußerliche Situation nicht erlaubt, auf eine Armee zu verzichten, muss der Staat nicht nur auf Arbeit, sondern auch auf »Risiko« gegründet sein, das heißt auf militärischer Macht. Demzufolge muss die Armee an der politischen Autorität teilhaben. Der Kandidat für den Posten des Staatsoberhaupts muss also im Zusammenspiel zwischen dem obersten Rat der Körperschaften und dem obersten Rat der Armee vorgestellt werden. Unter den Kandidaten, die letzterer vorschlägt, wählt das Staats-

---

12 Kojève, *Esquisse*, a.a.O., S. 195f.

oberhaupt den Staatssekretär für Kriegs- (und Kolonial-?) Angelegenheiten. Zu Friedenszeiten ist es der Kandidat der Körperschaftsräte (geduldet vom Kriegsrat), der vor der *Assemblée Manifestante* antritt, um die Stimmen im Vertrauensvotum zu erhalten. In Kriegszeiten (oder unter Kriegsgefahr) ist es der Kandidat des Militärrats, der (sofern der Rat der Körperschaften zustimmt) antritt. Es sei bemerkt, dass die gouvernementale Autorität in Friedenszeiten vom Typ AH ist und in Kriegszeiten vom Typ HA.

Die Gefahr eines Krieges kann von der *Assemblée Manifestante* festgestellt werden, was zur Entlassung des Zivilchefs und zur Vorstellung des Militärkandidaten führt. Aber die Versammlung kann nicht die Kriegsgefahr leugnen, die von der Regierung festgestellt wurde, deren Chef in diesem Fall zurücktreten muss, insofern es sich nicht bereits um einen Militär handelt.

Der Friedenszustand wird vom militärischen Staatsoberhaupt festgestellt, der infolge dieser Feststellung seinen Platz dem Zivilkandidaten räumen muss. Sechs Monate nach Ende der Kampfhandlungen oder ein Jahr nach Ablauf eines Jahres der Kriegsgefahr ohne tatsächliche Kampfhandlungen kann der Senat den Friedenszustand feststellen und dadurch das militärische Staatsoberhaupt entlassen. Aber die Versammlung kann dieser Feststellung zum Trotz den Kriegszustand feststellen. Es ist das Tribunal, dem dann die letztgültige Feststellung zufällt.

A. Koschewnikow
Marseille 16/V/42

CHOSE CURIEUSE
ENDE UND ÜBERLEBEN DER AUTORITÄT

Chose curieuse, eine ›seltsame Sache‹ sei es, so schreibt Alexandre Kojève zu Beginn seines Traktates, »dass das Problem und der Begriff der Autorität sehr wenig untersucht worden sind.«[13] Diese Aussage ließe sich auch heute noch treffen. Zwar gibt es mittlerweile einen (übersichtlichen) Fundus zur Philosophie der Autorität,[14] in den sich nun mit Verspätung Kojèves 2004 postum in Frankreich erschienener *Entwurf* einreihen lässt. Doch während zu Termini wie »Macht«, »Souveränität«, »Herrschaft« oder »Gewalt« heute eine Vielzahl grundlegender Theorien verfügbar ist, hat die »Autorität« es nie in gleichem Maß geschafft, in den Begriffskanon der politischen Theorie aufgenommen zu werden – es sei denn als Objekt der Kritik.

---

13 In diesem Band S. 7.

14 Bertrand Russel, *Authority and the Individual*, London 1949; Hannah Arendt, »Was ist Autorität«, in: dies. *Zwischen Vergangenheit und Zukunft. Übungen im politischen Denken* I, München 1994; S. 159-200; Richard Sennett, *Autorität*, Frankfurt/M. 1985; Theodor W. Adorno, »Studies in the Authoritarian Personality«, in: ders., *Gesammelte Schriften* Bd. 9.1, Frankfurt/M. 1975, 143 ff.; Institut für Sozialforschung (Horkheimer, Fromm, Marcuse), »Theoretische Entwürfe über Autorität und Familie«, in: *Studien über Autorität und Familie*, Lüneburg 2005, S. 3-228; Jacques Derrida, *Gesetzeskraft. Der ›mystische Grund der Autorität‹*, Frankfurt/M. 1991; zur neueren Forschung siehe: Nancy Luxon, *Crisis of Authority*, New York 2013; Hilge Landweer/ Catherine Newmark, *Wie männlich ist Autorität, Feministische Kritik und Aneignung*, Berlin 2018.

Solche Autoritätskritik hingegen hat bis heute wesentliche Bereiche des privaten und öffentlichen Lebens auf eine Weise geformt, dass die Annahme nicht fernliegt, Aufklärung und Autoritätskritik, beziehungsweise Moderne und Autoritätskrise fielen in gewissem Sinne zusammen. Die Frage nach der ›seltsamen Sache‹ Autorität hat diese einseitige Betrachtung freilich nicht entscheidend vorangebracht. Vielmehr scheint das Phänomen Autorität immer weiter hinter den Erfahrungshorizont zu fallen, während seine Schwund- und Ersatzformen – zum Beispiel die wiederkehrende Lust am Autoritarismus – von dieser Kritik kaum erfasst werden, und man ihnen so mit wachsender Ratlosigkeit gegenübersteht. Die Übersetzung des vorliegenden Traktats zur politischen Autorität mit allem Ambivalenten und Fragwürdigen, das ihm eigen ist, ist auch als Beitrag zur Überwindung dieser Ratlosigkeit gedacht.

♦

Bereits 1956 meinte Hannah Arendt, der Kojèves Überlegungen vermutlich nicht bekannt waren[15], feststellen zu können, dass das, was einmal Autorität gewesen ist, längst nicht mehr in den Bereich unserer Erfahrung fällt. Die Frage nach Autorität müsse daher im Präteritum gestellt werden: *Was war Autorität?*[16] Davon ausgehend erscheint die Moderne für Arendt dann aus der Erfahrung dieses Verlustes näher bestimmbar. Noch vor dem Verlust

---

15 Es findet sich bislang kein Hinweis, der das Gegenteil belegt.

16 Arendt, »Was ist Autorität«, a.a.O., S. 159.

von Religion und Tradition stellt Arendt diesen Autoritätsverlust als letzte und radikalste Stufe des neuzeitlichen Skeptizismus vor. Denn anders als die Kritik von Religion und Tradition, die ganz bestimmte Dimensionen der Erfahrung des menschlichen Zusammenlebens porös werden ließ, ohne aber neue Formen für dieses Leben hervorzubringen, schaffe jener Skeptizismus, wenn er sich gegen Autorität richte, *konkrete* politische Tatbestände, die das Regelwerk des Zusammenlebens als solches neu justieren. Der Autoritätsverlust betreffe nämlich nicht weniger als das Band, das sämtliche politischen Entscheidungen der Gegenwart an einen vorangegangenen Gründungsmoment bindet und so in eine Kontinuität oder Tradition stellt, in der allein so etwas wie *Geltung* existieren kann.

Das Paradigma für diese Politik einer kontinuierlichen Aufrechterhaltung der Gründung und damit für das westlich-europäische Staatsdenken selbst liegt für Arendt im antiken römischen Reich und insbesondere im römischen Senat als Institutionalisierung der Tradition. In der Tat kam jenem römischen Senat weder gesetzgebende Kompetenz (*imperium*), noch exekutive Gewalt (*potestas*) zu, dafür aber eine *auctoritas*, mit der er über die hinreichende oder mangelnde Kontinuität politischer Entscheidungen mit dem Gründungsgedanken der Republik entschied und somit über ihre Geltung befand. Nur solche politischen Entscheidungen, die zur Kontinuität der Gründung beitrugen, konnten vor der *auctoritas* des Senats bestehen. Eine solche Bindung der Gegenwart durch die Autorität des Vergangenen kette, so Arendt, zwar jede Generation an die Tradition und beschränke somit ihre Freiheit, verhindere mit dieser Einschränkung aber zugleich, dass sich das Neue ins politisch Extreme auswachse. Aufgabe der Autorität sei es demnach, »Freiheit zu begrenzen und gerade dadurch zu sichern.«[17] Diese Bindung der Politik durch den Senat gerät mit dem Moment in die Krise, da Kaiser Augustus, dessen Name bemerkenswerter Weise dieselbe etymologische Herkunft (*augere,* steigern, vermehren) hat wie das Wort Autorität, seine Herrschaft nun gerade damit begründet, dass er nach Caesars Ermordung dem eigenen Ermessen nach alle anderen zwar nicht an formaler Macht, dafür aber an *auctoritas* überrage. So steht es ihm qua dieser personalen Autorität zu, die Größe des Anfangs zu steigern. Indem aber infolgedessen die Autorität von der Tradition auf das Amt überging, mussten auch die folgenden Amtsträger sich nicht länger vor der Autorität der Väter verantworten, sondern lediglich beweisen, dass sie das Amt durch ihre eigene *personale* Autorität erfüllen konnten. Solche personale Autorität ist nicht länger notwendig an die Tradition gebunden, sondern kann andere und ganz eigene Anerkennungsgründe für sich geltend machen. Auf diese Weise verliert die anhaltende Kontinuität der Gründung ihre institutionelle Verankerung und damit auch die Vergangenheit ihre Bindungskraft für die Gegenwart. Solcher Autoritätsverlust, beziehungsweise solche -verschiebung ist für Arendt deswegen radikaler als der Verlust von Tradition und Religion, weil Traditions- und Religionskritik durch ihn überhaupt erst zu »einem politischen Ereignis allerersten Ran-

[17] Ebd., S. 162.

ges« werden.[18] Er ist es, der dem neuzeitlichen Skeptizismus *politische* Wirklichkeit verleiht.

Zu dieser politischen Wirklichkeit des Autoritätsverlustes zählt Arendt vor allem die Probleme von Extremismus und Totalitarismus, die sie gerade nicht als Autoritätsregime, sondern als Symptome der Autoritäts*krise* liest. Dass Autorität in der Neuzeit durchaus aus vernunftgeleiteten Gründen verloren geht, tut dieser Diagnose keinen Abbruch. Vielmehr stelle, so schließt Arendt mit Machiavelli, der so eingeleitete, in der Moderne dann fundamental gewordene Autoritätsverlust die Welt vor eine ungemütliche Alternative: sich entweder in Gewalt und Extremismus zu verlieren oder aber sich auf das schwierige Abenteuer einzulassen, eine »neue Ordnung der Dinge« zu unternehmen. In der Phase dieser Neuordnung falle, so paradox dies zunächst klingen mag, den Revolutionen als Versuchen der Neugründung gerade *autoritätssichernde* Funktion zu: »[...] Revolutionen, die wir gemeinhin als den radikalen Bruch mit der Tradition anzusehen pflegen, nehmen sich in unserem Zusammenhang eher wie ein Handeln aus, das noch aus den Ursprüngen dieser Tradition kommt, gleichsam wie das einzige Rettungsmittel, das gerade diese römisch-abendländische Tradition für Krisenzeiten vorgesehen hat.«[19] So übernimmt die revolutionäre Idee die Autorität der Tradition, die sich an die staatlichen Institutionen verloren hat, und vor dieser Idee haben sich nun auch wieder die Führer der Revolution und alle folgenden Amtsträger zu verantworten.

---

18 Ebd., S. 160.

19 Ebd., S. 199.

Dieser Gedanke einer Rettung der Autorität durch Revolution ist für das Verständnis von Kojèves Motivation, die die Abfassung des vorliegenden Traktates bestimmt, unverzichtbar. Kojève versteht seine Schrift nämlich selbst als eine Intervention, die die Dynamik der historischen Lage, das heißt konkret die Situation des teilbesetzten Frankreichs 1942, für eine ›Neuordnung der Dinge‹ nutzbar machen soll.

Auch für Kojève beginnt der Autoritätsverfall mit der Übertragung von Autorität aus dem religiösen Bereich in die Politik, wo sie auf verschiedene Ämter und Funktionsträger verteilt wird und sich in internen Antagonismen schließlich verliert; wenngleich er den Anfang dieser Krise zeitlich später, nämlich erst mit dem Auftauchen des Absolutismus verortet. Anders aber als Arendt glaubt Kojève, dass Vergangenheit in Form von Tradition nicht die einzige, legitime Quelle von Autorität ist, sondern nur ein in der Tat zentrales und verlorengegangenes Bruchstück. Hegels Bild vom Keimling aufnehmend spricht Kojève von einer Evolution der (politischen) Autorität, die nach ihrer verlorengegangenen Einheit eine Phase der Ausdifferenzierung durchlaufen musste, um schließlich wieder in die Einheit des Organismus, das heißt des Staates zu münden. Gelänge es, das verlorengeglaubte Moment der Autorität der Vergangenheit, das bei Kojève als *Autorität des Vaters* firmiert, in die Neuordnung der politischen Institutionen zu reintegrieren, ließe sich eine solche Einheit der staatlichen Autorität wiederherstellen. *Der Begriff der Autorität* ist damit ganz in Hinblick auf die Frage geschrieben, ob gerade die akute Krise der Autorität im besetzten Frankreich nicht jene Handlungsräume zur Reorganisation der Gewaltenteilung eröffne, mit der sich diese Einheit der staatlichen Autorität wiederherstellen ließe. Kojève fragt, mit anderen Worten, nach der Möglichkeit einer Wiedergeburt von Regierungsautorität; beziehungsweise seiner Überzeugung getreu, dass Staat überhaupt nur dort ist, wo regiert wird, nach der fortgesetzten Möglichkeit des Staates selbst.

♦

Kojèves kurzer Text gehört dabei zum Unheimlichsten und Radikalsten, was über politische Autorität geschrieben wurde. Unheimlich ist der Text nicht zuletzt deswegen, weil darin marxistische Argumente und Analysen so eng mit anti-parlamentarischen, anti-konstitutionellen, und anti-demokratischen Lösungen verwoben werden, dass sie beginnen, nur noch in der Theorie, doch nicht mehr in der Praxis unterscheidbar zu werden. Genau diese Eliminierung des Vorbehaltes der politischen Praxis gegenüber ihrer Theorie ist es, die den Text dann auch zu einem radikalen Unterfangen eines Philosophen macht, der ohne Skrupel denkend direkt in das politische Geschehen eingreifen möchte.[20] Dieser Skrupellosigkeit ungeachtet, mit ihr sogar einhergehend, zeigt der Text jedoch auch eben jenes Maß an intellektueller Raffinesse und argumentativer Beharrlichkeit, ohne die nichts Radikales auf Dauer bestehen kann.

---

20 Mirjam Schaub hat vorgeschlagen, Radikalität genau als den Versuch zu deuten, die Lücke zwischen Theorie und Praxis zu schließen. Vortrag an der Universität Hamburg, 18. Februar 2015, www.dgae.de/wpcontent/uploads/2015/09/Schaub_Radikalität.pdf

So findet sich in dem Skizze gebliebenen Entwurf vor allem die einzige dem Übersetzer bekannte Theorie, die staatliche Autorität weder auf Gewalt oder Souveränität, noch auf verschiedene Institutionen, noch aber auf Mehrheitsverhältnisse gründet, sondern als dynamischen, internen Antagonismus verschiedener gesellschaftlich-politischer *Grundbedürfnisse* (nach Kontinuität, nach Effizienz, nach Gestaltung und nach Gerechtigkeit) beschreibt, der sich konkret in der Geschichte als Zusammenspiel von Vergangenheit, Gegenwart, Zukunft und Ewigkeit entfaltet. Es handelt sich also um eine geschichts- und zeitphilosophische Analyse von Autorität – deutlich in der Tradition Heideggers – die eine gleichermaßen konkrete wie systematische Auseinandersetzung mit dem Begriff erlaubt, mit der sich, wie Kojève selbst feststellt, das Phänomen der Autorität auch jenseits von politischer Autorität denken ließe.

Aus dem Zusammenspiel der zeitlichen Ekstasen ergeben sich in ›metaphysischer Analyse‹ direkt die vier entsprechenden Phänotypen der Autorität: *Vater*, *Herr*, *Anführer* und *Richter*, um die Kojèves Text kreist. In dieser Analyse beruht die Autorität der Vergangenheit (Vater) darauf, dass es ein konkretes, gelebtes Interesse an oder ein Begehren nach Identität, Traditionen, Kontinuität gibt, so wie die Autorität des Herrn darauf beruht, dass es ein gelebtes Interesse an der Gestaltung von Gegenwart gibt, am Wunsch zeitgemäß zu sein, am pragmatischen Realismus des ›Machens‹, während sich die Autorität des Anführers auf einen Wunsch nach Projekten, Aufbruch, Zukunft und Avantgarde berufen kann. Kojève erweitert das römische Modell der ›Gründung‹ (Vater) damit um die Modi der

Gegenwart (Herr) und der Zukunft (Anführer) und lässt diese drei in eine antagonistische Dynamik eintreten; eine Dynamik, die ihrerseits nur möglich ist, weil es viertens eine urteilende Autorität (Richter) gibt, die im Bund mit der ewigen, überzeitlichen Gerechtigkeit steht, und es von dort vermag, die Zeit immer wieder aufzuheben und neu zu fassen.

Jede Dominanz einer einzelnen zeitlichen Ekstase und eines einzelnen Autoritätstyps führt für Kojève zu genau zuzuordnenden scheiternden Staatsformen: zu vertrockneten, monarchischen Traditionen (V), technokratischen Regierungen (H), utopischen Führerstaaten (A) oder zu in Verfassungen festgeschriebener Ungerechtigkeit, beziehungsweise bürgerlicher ›Klassengerechtigkeit‹ (R).

Auch wenn die Penibilität, mit der Kojève seine Systematik aufbaut – er zählt *exakt* 64 Autoritätsformen auf –, zu irritieren vermag, ist sie gerade *als* systematischer Entwurf, der zu zeigen versucht, dass die eigentliche Stiftung von Autorität die Zeit selbst ist, in der Literatur zur Autorität einzigartig. Denn mit ihr wird die Entwicklung (politischer) Autorität nicht allein als Verfallsgeschichte präsentiert, sondern vielmehr als eine Dynamik, die nicht chaotisch verläuft, sondern – orientiert an Marx' und Hegels Geschichtsdenken – einer gewissen Dialektik folgt, die letztlich in das berüchtigte *Ende der Geschichte* mündet.

Diese Entwicklung, die sich vor allem im Bereich des Rechts vollzieht, läuft letztlich auf die *Aufhebung* aller Autoritätsverhältnisse hinaus. Über dieses unausweichliche Ende der Autorität informiert nun aber gerade nicht *Der Begriff der Autorität*, sondern die beinahe zeitglich verfasste

Esquisse d'une phénoménologie du droit. Hier wird beschrieben, wie sich das Recht selbst spaltet: zum einen in das aktualisierte herrschende Recht (die in den Verfassungen eingeschriebene ›Klassengerechtigkeit‹), das Universalität und Überzeitlichkeit für sich behauptet, in Wahrheit aber bestimmte Rechtssubjekte von dieser Universalität ausschließt; zum anderen in das noch zu verwirklichende Recht dieser Ausgeschlossenen, die im Sinne der ausgleichenden Gerechtigkeit oder Fairness die anhaltende Ungerechtigkeit des herrschenden Rechts bloßstellen und schließlich revolutionär umstürzen, solange und so oft, bis der universelle, homogene Rechtsstaat, in dem die Anerkennung aller durch alle herrscht, erreicht wird.[21]

Unabhängig davon, ob einen die Dialektik vom Ende der Geschichte (und der Autorität) überzeugt, wirft die fast zeitgleiche Entstehung beider Texte – zur Autorität und zum Recht – natürlich die Frage auf, warum Kojève im *Begriff der Autorität* einen so aufwändigen, affirmativen und von keinerlei Berührungsängsten und Zweifeln getrübten Umgang mit der Autorität pflegt, wenn er sie doch zugleich in seiner Rechtsphänomenologie dem Ende geweiht sieht; beziehungsweise warum er umgekehrt die Pointe des notwendigen Endes im Traktat über die Autorität unerwähnt lässt. Eine Antwort auf die Frage wird den besonderen Anwendungscharakter des Traktats über Autorität mitbedenken müssen. *Der Begriff der Autorität* ist tatsächlich als politische Anleitung geschrieben und auch nur als solche gänzlich zu verstehen.

---

[21] Kojève, *Esquisse*, a.a.O., §40–44.

In diesem Beharren auf der praktischen Anwendbarkeit der vorgestellten Thesen liegt ein doppelter und eben skrupelloser Gebrauch der Dialektik: einmal als Methode der theoretischen Erkenntnis und einmal als praktische, handlungsanleitende Strategie im Namen dieser Erkenntnis. Dabei liegt die Skrupellosigkeit dieses doppelten Einsatzes genau darin, dass Erkenntnis und Strategie inhaltlich scheinbar auseinanderfallen: *Im Sinne der Theorie* (des Rechts) ist Autorität tot oder doch dem Ende geweiht. Aber gerade die Einsicht, dass es mit wahrer Autorität im Grunde vorbei ist, erlaubt das Verfassen einer kühlen, ihrerseits an keine Autorität gebundene Strategie, die sich die Restbestände und Simulacren der Autorität aneignet und sie neu belebt. *Im Sinne der Praxis* (der Autorität) ist Autorität nämlich zu erneuern; nicht aber, um ihren Tod zu verhindern, sondern gerade, um die Geschichte voranzutreiben und ihn zu herbeizuführen. Dafür bedarf es jedoch genau jener revolutionären-politischen Kräfte der Gegenwart und der Zukunft, des Herrn und des Anführers, die im bürgerlichen Staat mit ihren falschen überzeitlichen Verfassungen gehemmt sind. Kojève kritisiert den bürgerlichen Rechtsstaat und seine unterstellte Klassengerechtigkeit deswegen so vehement, weil er in ihm nicht die Vollendung des gerechten Staates sieht, sondern Hindernisse auf dem Weg dorthin. Die vorübergehende und nicht unbeträchtliche Gewalt, der es bedarf, diese Hindernisse aus dem Weg zu räumen, nimmt der Denker mit der angesprochenen, dem Traktat insgesamt eigenen, Kühlheit in Kauf.

Anders als Arendt, die im Rückblick auf die Katastrophe des Totalitarismus schreibt, glaubt Kojève mit teils halsbrecherischer intellektueller Ambivalenz in der Gegenwart des Totalitarismus unter Umständen ein Moment möglicher revolutionärer Dynamik zu erkennen, das zur Vollendung der Geschichte nutzbar gemacht werden könnte. In seiner Theorie glaubt er also, nicht nur eine Erklärung, sondern auch ein Interventionsinstrument gefunden zu haben, mit dem sich die Geschichte selbst wieder in Gang bringen ließe. Dass er dafür zum Ende des Textes ausgerechnet auf den Nationalismus und auf nationale Identität als unter Umständen notwendiges, wenn auch vorläufiges Simulacrum einer revolutionären Idee zurückgreift, lässt in der unverfrorenen Freimütigkeit, mit der dies geschieht, aufhorchen. Vor allem an solchen Stellen bekommt der Text mit seinen hysterischen Hervorhebungen, abrupten Argumentationsabbrüchen und gezielten Brüskierungen auf seine Weise selbst etwas Autoritäres.

♦

Kojève verhehlt seinen konkreten Anspruch auf Wirkung in der Geschichte an keiner Stelle. Schon in der Einleitung weist der Text auf seine politischen, moralischen und psychologischen Anwendungen hin. Daraus folgt nun umgekehrt, dass die Kenntnis über die historische Ausgangslage, die zur Entstehung dieses Textes geführt hat, für sein Verständnis unerlässlich ist. Dies gilt insbesondere, weil Kojèves Haltung zu dieser historischen Situation bekannt schwer einzuordnen ist. Zwar liest man in Bezug auf diese Haltung gerne das Wort ›Ironie‹, was als Stil-Beschreibung für Kojèves Prosa auch nicht unangemessen sein mag, aber wie kürzlich gezeigt wurde, gerät die liebevolle Attestierung von Ironie angesichts der Entstehungsgeschichte des vorliegenden Traktats, vor allem aber angesichts der Entschiedenheit, mit der der Autor an die politische Verwirklichung seiner Thesen geglaubt und für sie gearbeitet hat, an gewisse Grenzen.[22]

Den Überfall der Deutschen in Frankreich erlebt Kojève zunächst bei einer Militärübung, dann in seinem Haus im Pariser Vorort Vanves. Im Juni 1940 beauftragt Präsident Albert Lebrun den Marschall Philippe Pétain, genannt der »Sieger von Verdun«, eine Regierung zu bilden. Am 22. Juni folgt der Waffenstillstand mit Hitler-Deutschland, der zu einer Teilung Frankreichs in einen besetzten Norden und einen unbesetzten Süden mit Vichy als Hauptstadt führt. Im Juli wird Pétain ermächtigt, eine Verfassung für den neuen französischen Staat zu erlassen und ernennt sich im Zuge dessen zum Staatschef (*Chef d'État*) und Pierre Laval zu seinem Stellvertreter. Im Dezember desselben Jahres wird Laval, dem eine zu große Nähe zu Deutschland vorgeworfen wird, auf Betreiben Pétains von

---

22 Danilo Scholz geht den historischen und personalen Verwicklungen der Entstehung des Traktates nach: Danilo Scholz, »Alexandre Kojève et Gaston Fessard sur l'autorité et la politique«, in: *Revue philosophique de la France et de l'étranger*, 2016/3, Bd. 141, S. 343-362. Sowie tiefergehend in seiner im Erscheinen begriffenen Schrift: Alexandre Kojève, *Von der Revolution zur Verwaltung*, München, C.H. Beck. Für die gestattete Einsicht in das Manuskript bin ich Danilo Scholz zu Dank verpflichtet. Alle Erkenntnisse im Folgenden sind ihm geschuldet, alle etwaigen Verunklarungen mir.

Admiral Darlan als Regierungschef abgelöst und verhaftet; eine Entscheidung, die im April 1942 auf Druck der Deutschen wieder zurückgenommen wird.

Kojève hatte Paris zu dieser Zeit bereits verlassen und sich nach Marseille begeben, wo er in Kontakt mit der Résistance trat. In dieser Zeit, und von seinem eigenen Engagement anscheinend unbeeindruckt, macht er sich an die Abfassung seines Traktats über den Begriff der Autorität in der festen Absicht, ihn den Offiziellen des Vichy-Regimes zukommen zu lassen. Als solches historisches Dokument gewinnt der vorliegende Text nun noch einmal an Brisanz, kann man ihn doch als Antwort auf ein konkretes historisches Problem verstehen, auf das Kojève durch einen Vortrag des Historikers Henri Moysset aufmerksam wird.

Henri Moysset, Bewunderer der deutschen Kultur, Mitglied der Kantgesellschaft, Professor an der *École navale*, der Offiziersschule der französischen Marine, seines Zeichens Proudhon- und Bismarck-Experte, war Berater zweier Premierminister, bevor er 1939 zum Stabschef des bereits erwähnten François Darlan im Marineministerium ernannt wird und von 1941 bis 1942 als Staatsminister das Vichy-Regime bei der Erarbeitung der neuen Verfassung unterstützt. Jener Henri Moysset hält 1941 einen Vortrag über die »Bedingungen für eine französische Wiedergeburt«, der die Nähe zu Kojèves Hegel-Interpretation sucht und vor allem Kojèves Kritik am historischen Leerlauf der Bourgeoisie teilt: Gefangen in schlechter Zeitlosigkeit bedürfe es zur Wiedergeburt Frankreichs, so Moysset, einer ideologischen Zukunftsvision, für die vor allem der Begriff der Arbeit eine zentrale Stellung einnehmen solle; also jene Tätigkeit, mit der sich der Knecht in Hegels berühmten Gleichnis dem Herrn gegenüber Emanzipation abtrotzt und sich selbst in und an der Welt verwirklicht.

Kojève, der von der Familie Eric Weils über den Vortrag in Kenntnis gesetzt ist, wird diesen Gedanken aufnehmen und nun seinerseits Überlegungen zu einem Arbeiterstaat anstellen. In dieser Skizze, die sich in der *Esquisse* niederschlägt, dient Arbeit nun allerdings nicht länger der Emanzipation des Selbst, sondern wird vielmehr zum Kampfbegriff gegen die staatsbedrohliche, bürgerliche Dekadenz.[23] Auch Kojèves Abhandlung über den Begriff der Autorität, der die Frage der Arbeit zumindest streift,[24] muss als ein Antwortschreiben auf Moyssets Feststellung einer politisch-ideologischen Krise gelesen werden und als konkreter Vorschlag einer Lösung. *Wie* unmittelbar Kojève tatsächlich an seinen Lösungsvorschlag glaubte, lässt sich an seinen direkten Bemühungen ablesen, den Text über Moysset auch dem Staatschef Philippe Pétain persönlich zugänglich zu machen. Dass zumindest Moysset den Text wirklich erhalten hat, erfahren wir aus einem Brief vom 9. Juli 1942, in dem er Kojève dankt und Interesse an einem Treffen äußert, auch wenn er gesteht, dass die politische Atmosphäre für philosophische Mediationen derzeit ungünstig sei.[25]

---

23 Kojève, *Esquisse*, a.a.O., 195ff. Siehe auch: Scholz, *Von der Revolution zur Verwaltung*, a.a.O.

24 In diesem Band, S. 158.

25 Wiederum: Scholz, *Von der Revolution zur Verwaltung*, a.a.O.

Kojèves Engagement muss also aus der Natur der Krise verstanden werden, die er und Moysset diagnostizieren, und die zumindest bei Kojève auf eine Grundhaltung im Denken trifft, der es zuvorderst darauf anzukommen scheint, immer auf der jeweils richtigen Seite des Weltgeistes zu stehen. Dabei betrifft die angesprochene Krise letztlich das republikanische Staatsverständnis selbst, dem sich Vichy, das sich als Staat (*état*) nicht in die Zählung französischer Republiken (*république*) einreiht, zu entziehen versucht; wobei der Unterschied zwischen Staat und Republik hier vor allem die Frage der Repräsentation, beziehungsweise, wie Kojève sich ausdrückt, der Genese und Weitergabe von Autorität betrifft. Nicht nur wird Autorität dezidiert an (Führungs-)Personen und nicht an Ideen, Ämter oder Parteien gebunden, Kojève lehnt überdies eine natürliche Autorität der Mehrheit über die Minderheit ab und zeigt sich skeptisch gegenüber allgemeinen Wahlen: Sie sind nicht länger der Ort, an dem Autorität entsteht, sondern lediglich der Moment, da eine bereits vollzogene Anerkennung der Autorität sichtbar wird und sich manifestiert. Mit dieser Kritik an parlamentarischen Modellen repräsentativer Demokratie setzen Kojèves konkrete Reformvorschläge an. Diese Vorschläge gehen zwar einerseits mit den im Vichy-Regime herrschenden antirepublikanischen, antidemokratischen Tendenzen einher, die Kojève 1942 geteilt hat, zugleich aber eben auch mit den Hoffnungen einiger Linker, es ließe sich aus Vichy heraus eine anti-reaktionäre, moderne Version des Arbeiterstaates entwickeln; Motive, die sich ebenfalls aus dem Text herauslesen lassen. Dabei sind Kojèves Beziehungen zur Résistance keineswegs frei von Ambivalenzen. Kojève unterstützt den Widerstand vor allem dort, wo er sich gezielt gegen die deutsche Besatzung richtet, zeigt zugleich aber von Anfang an Zweifel an solchen Strömungen der Bewegung, denen er, wie im Fall von Albert Camus, einen Nihilismus unterstellt, dessen staatszersetzende Auswirkungen auf Dauer schädlicher seien als die Auswirkungen der Besetzung selbst.

Dieser Gruppe von ›Intellektuellen‹ und ›Literaten‹ – beides keine Ehrentitel –, deren Nonkonformismus Zweck an sich geworden sei, fehle auf eklatante Weise eine Idee, ein Plan, ein Projekt, auf das sich die Autorität eines Anführers würde gründen können.[26] Ohne Anführer aber keine Regierung, ohne Regierung kein Staat und ohne Staaten auch kein Handeln in der Geschichte. Es ist genau jenes geschichtsphilosophische, auf politische Handlungsmacht angelegte Kalkül, in dessen Interesse es liegt, die anarchistischen und anti-etatistischen Kräfte auf den ›Literaturbetrieb‹ einzuschränken, aus dem heraus sich Kojèves Konzilianz, um es vorsichtig zu formulieren, gegenüber den Vichyisten speist.

Wo genau man dieses Kalkül politisch verorten möchte, ist nicht leicht zu sagen. So einfach, wie es der Kojève Biograf Dominique Auffret darstellt, dass es Kojève lediglich darum gegangen sei, »den Feind zu umarmen, um ihn zu ersticken,« wird man es sich jedoch nicht machen können.[27] Und so wirft der seltsame zeitliche Zusammenfall

---

26 Scholz, »Alexandre Kojève et Gaston Fessard sur l'autorité et la politique«, a.a.O., S. 347.

27 François Terré, »Présentation«, in: Alexandre Kojève, *La notion de l'autorité*, Paris 2004, S. 43.

von Kojèves Kontakt mit der Résistance bei gleichzeitiger (versuchter) Kollaboration mit dem Regime die schwer zu beantwortende Frage nach seiner eigentlichen ideologischen Haltung – oder eben Haltungslosigkeit auf; und damit zugleich auch die Frage, ob ein solches *Denken ohne Skrupel* überhaupt statthaft ist. Diese Fragen, darauf sei wenigstens hingewiesen, auch wenn sie hier nicht beantwortet werden können, betreffen letztlich das Wesen allen populistischen Denkens.

♦

Dies ist jedenfalls der Hintergrund, vor dem Kojève am Ende seines Textes die politische Situation Frankreichs im Jahr 1942 und insbesondere die Autorität des Staatschefs Philippe Pétain analysiert. Dabei gelingt ihm das stilistische Glanzstück, ein gleichermaßen schmeichelndes wie vernichtendes Urteil über den Marschall zu fällen. Prinzipiell eigne sich dieser hervorragend zur Verkörperung einer Autorität, die alle vier Aspekte umfasst: Als ›Sieger von Verdun‹ verfüge Pétain über die Autorität des Herrn, als vorausschauender Akteur während der Militäraufstände im ersten Weltkrieg gestehe man ihm zugleich die Autorität des Anführers zu, was heiße, dass ein Projekt, das er vorschlüge, vom Volk ungefragt und ohne Widerstand akzeptiert werden würde. Die Autorität des Richters wiederum ergebe sich, wie Kojève sich ausdrückt, aus der charakterlichen Noblesse des Marschalls quasi von selbst, während das hohe Alter und das sichtbar französische Wesen für die Autorität des Vaters sorgten. So sei es 1940 mit der Machtübernahme von Pétain zu einer »spontanen Genese einer totalen politischen Autorität« gekommen.[28]

So viel zu den Schmeicheleien. Denn zugleich erkennt Kojève markante Mängel an der Autorität des Marschalls: Die Autorität des Herrn, die eng mit der Militäraktivität des Marschalls zusammenhängt, werde durch die Kollaboration mit den Deutschen gemindert und beginne außerdem beim greisen Pétain unglaubwürdig zu werden. Sie gehe daher auf Admiral Darlan über, während die Autorität des Richters zwar mehr oder weniger intakt sei, aber durch die »bedauerliche Wendung, die der Prozess von Riom genommen hat«,[29] Schaden erlitten habe. Nachdem darüber hinaus die Anführer-Autorität vom schwachen Laval besetzt werde, sei allein die väterliche Autorität bei Pétain noch intakt. Ausgehend von diesem Urteil und in Anbetracht der Tatsache, dass das französische Volk zur Stunde weniger an Gerechtigkeit interessiert sei als vielmehr besorgt um die Zukunft, entwirft Kojève als Antwort auf Moyssets Vortrag die Notwendigkeit einer revolutionären Idee, die gleichzeitig als politisches Zukunftsprogramm und als Reimagination einer anderen Vergangenheit dienen kann, in der die nationale Identität noch intakt ist.

Die Aufgabe der Idee einer *nationalen Revolution* ist es, wie die Aufgabe aller revolutionären Ideen, Handlungsmöglichkeiten zu öffnen und politische Aktionen herbeizuführen, also die Dinge neu zu ordnen und eine neue ›politische Realität‹ zu erschaffen, solange sich die historische

---

28 In diesem Band, S. 181.

29 In diesem Band, S. 146.

Möglichkeit dazu bietet: »Wenn man sich in der Gegenwart einer ›revolutionären Situation‹ befindet, das heißt vis-à-vis einer Nation, die bereit ist, eine von der unmittelbaren Vergangenheit festgelegte Gegenwart hinter sich zu lassen und bei der aktiven (das heißt schöpferischen) Verwirklichung einer Gegenwart mitzuarbeiten, die als Grundlage für eine andere Zukunft als diejenige dienen mag, die ohne Intervention der negierenden Aktion aus ihr entstünde (und sich trotzdem an die Totalität der Vergangenheit anschließt), dann ist es von Interesse, diese Situation ›auszunützen‹.«[30] Es ist mit anderen Worten der Moment gekommen, die Autorität des Staates durch eine Revolution zu retten, auch wenn sie darin zunächst untergehen muss.

In der vielleicht beeindruckendsten Wendung dieses Textes bekennt Kojève dann allerdings, dass der Topos der nationalen Revolution zur Stunde noch leer sei, und dass er, Alexandre Kojève, sich auch nicht in der Lage sehe, eine entsprechende revolutionäre Idee für das Frankreich von 1942 vorzulegen, dass es aber reiche, dem französischen Volk das Simulacrum einer Idee zu präsentieren, um infolgedessen auch das Simulacrum einer revolutionären Aktion hervorzurufen. Die Vorteile eines solchen Simulacrums erklärt Kojève bereitwillig: Es bewahre die Form bei austauschbarem Inhalt.

Auf diese Weise könne man »einen neuen Typ von Staat oder politischer Autorität erschaffen [...], auch auf die Gefahr hin, die neuen Institutionen ›leerlaufen‹ zu las-

---

30 In diesem Band, S. 153.

sen, ohne tatsächliche Wirkung, während man sich die Möglichkeit bewahrt, sie (ohne ernsthaften Widerstand) durch andere zu ersetzen, wenn die tatsächlich revolutionäre Aktion der Zukunft es verlangt.«[31] Zwar beeilt sich Kojève auch hier hinzuzufügen, dass er keineswegs in der Lage sei, ein solches Staats-Simulacrum auszuarbeiten, aber seine Behauptung, die vorgelegte Skizze könne bei der Ausarbeitung eines solchen Staates helfen, kokettiert offenkundig mit der Überzeugung, dass der anvisierte neue Typ von Staat seinen Überlegungen mehr oder weniger exakt entsprechen sollte: Mit Arbeit (und Kampf) als Basis für die Gestaltung der Gegenwart unter der Autorität des Herrn, mit dem Senat der Familienväter als Wiedereinführung väterlicher Autorität, einer nationalen Revolution als simuliertem Zukunftsprogramm angesichts aktueller Führungsschwäche der Regierung führt Kojève, zumindest in seinen eigenen Augen, nicht weniger als die Geschichte selbst wieder in den französischen Staat ein – und damit eben auch diesen wieder als Handlungsträger in die Geschichte. Seine vorübergehende Lösung entspricht – in einer Weise, die wohl kaum zufällig genannt werden kann – dem Wappenspruch von Vichy – *travail, famille, patrie* –, mit welchem Pétain die alte republikanische Trias aus *liberté, fraternité und égalité* abzuschaffen gedachte. Die Frage nach der *tatsächlichen* revolutionären Aktion und ihren Absichten hingegen bleibt bezeichnender Weise offen.

---

31 In diesem Band, S. 154.

Nach dem Krieg wird Henri Moysset des Landesverrats beschuldigt. Er stirbt am 1. August 1949 ohne Ämter.

Alexandre Kojève hingegen tritt in den Staatsdienst ein und übernimmt eine einflussreiche Stelle im Wirtschaftsministerium, wo er sowohl bei der Umsetzung des Marshall-Plans als auch bei Verhandlungen europäischer und internationaler Handelsabkommen eine aktive Rolle spielt. Die Stelle hatte ihm ein ehemaliger Teilnehmer seines Hegel-Seminars verschafft.

Danksagung

Für die ergiebige Diskussion der Thesen Kojèves und meiner Überlegungen dazu danke ich Hilge Landweer, die unter anderem diese Übersetzung angeregt hat, sowie Jule Govrin und den Teilnehmerïnnen des von ihr initiierten Seminars *Autorität und Authentizität*, das wir zu dritt im Wintersemester 2018/19 an der Freien Universität Berlin durchgeführt haben. Ebenso großer Dank an Danilo Scholz, der mir freundlicherweise ein Kapitel aus seiner Dissertation zur Lektüre überlassen hat, ohne welches mir die personalen und ideologischen Verbindungen zwischen Kojève und dem Vichy-Regime nicht deutlich geworden wären. Henrike Kohpeiß und Dierk Saathoff sei für die Kommentare zum Nachwort gedankt. Dank aber vor allem an Jorinde Schulz, die maßgeblich geholfen hat, diese Übersetzung lesbarer zu machen.